LIBRO DEL ALUMNO
NIVEL ELEMENTAL

Aquilino Sánchez
Mª Teresa Espinet
Pascual Cantos

SOCIEDAD GENERAL ESPAÑOLA DE LIBRERÍA, S.A.

Primera edición: 1995
Segunda edición: 1996
Tercera edición: 1997
Cuarta edición: 1998
Quinta edición: 1999
Produce: SGEL-Educación
Avda. Valdelaparra, 29
28108 Alcobendas (Madrid)

Coordinación editorial: Julia Roncero.

Cubierta y Diseño: Erika Hernández.
Maquetación: Erika Hernández.
Dibujos: Gabriel Flores.
Paco Carrión (págs. 100, 103).
Luis Carrascón.
E. Ibañez (págs. 34, 35, 37).
Aerografías: Erika Hernández.
Fotos:: INCOLOR.
Agencia EFE.
Archivo Sgel.
Carlos Ruas.
Oronoz (págs. 65, 110).
Harvey Holton (págs. 28, 129).
Tourespaña.
VEGAP (págs. 109, 110, 111).

I.S.B.N.: 84-7143-511-X
Depósito Legal: M.1.052-1999
Printed in Spain - Impreso en España.

Compone: Erika Hernández.
Imprime: Gráficas Peñalara, S.A.
Encuaderna: F. Méndez, S.L.

NOTA DE AGRADECIMIENTO

Con nuestro sincero agradecimiento a:

J.M. Serrat; Taller 83; Poligram; Herederos de García Lorca; Vda. de Gabriel Celaya; Agencia Literaria Carmen Balcells (poemas de Pablo Neruda); Herederos de Antonio Machado; Herederos de León Felipe, BMG Ariola.

PRESENTACIÓN

El método **Cumbre** constituye un sistema completo para la enseñanza del español, orientado especialmente a los jóvenes. Una de sus características distintivas es la utilización de un corpus lingüístico elaborado por SGEL, el cual ha permitido aportar una base experimental a los componentes léxicos y gramaticales.

El enfoque metodológico de **Cumbre** es comunicativo e integral. Se atiene en consecuencia, a los siguientes principios:

Selección de materiales según criterios funcionales, en el uso del español, de contextualización de los elementos lingüísticos introducidos y de pertinencia o relevancia de lo presentado, desde el punto de vista de la comunicación real.

Utilización de modelos de lengua básicamente auténticos, aunque modulados pedagógicamente.

Gradación en la introducción de nuevos materiales, siguiendo el criterio de sencillez y facilidad primero, para ir alcanzando progresivamente mayor complejidad y, por tanto, mayor dificultad.

Integración de todos los elementos psicológicos que propician la motivación y el aprendizaje (asignación de una tarea o proyecto).

Este es un método sin fronteras, en el que el alumno entra constantemente en contacto con la lengua y la cultura hispanas, en su ámbito más universal: contrastes lingüísticos, textos literarios y descriptivos, fotografías y mapas de todos los países de lengua española.

ÍNDICE DE CONTENIDOS

EL ESPAÑOL EN EL MUNDO

País	Hablantes
Argentina	33.100.000
Bolivia	7.500.000
Chile	13.600.000
Colombia	33.400.000
Costa Rica	3.200.000
Cuba	10.800.000
Ecuador	11.100.000
El Salvador	5.400.000
España	39.100.000
Estados Unidos (U.S.A.)	20.000.000
Filipinas	2.900.000
Guatemala	9.700.000
Guinea Ecuatorial	300.000
Honduras	5.500.000
México	94.000.000
Nicaragua	4.000.000
Panamá	2.500.000
Paraguay	4.500.000
Perú	22.500.000
Puerto Rico	3.600.000
República Dominicana	7.500.000
Uruguay	3.100.000
Venezuela	20.200.000

357.500.000
NÚMERO TOTAL DE HISPANOHABLANTES

ESPAÑA

CÓRDOBA

MADRID

SEMANA SANTA

MADRID

BARCELONA

HISPANOAMÉRICA

LAGO TITICACA

CHICHÉN-ITZÁ (MÉXICO)

BUENOS AIRES

PLAYA DEL CARIBE

MÉXICO

BUENOS AIRES

ARGENTINA

MONTEVIDEO

MACHU PICCHU
(PERÚ)

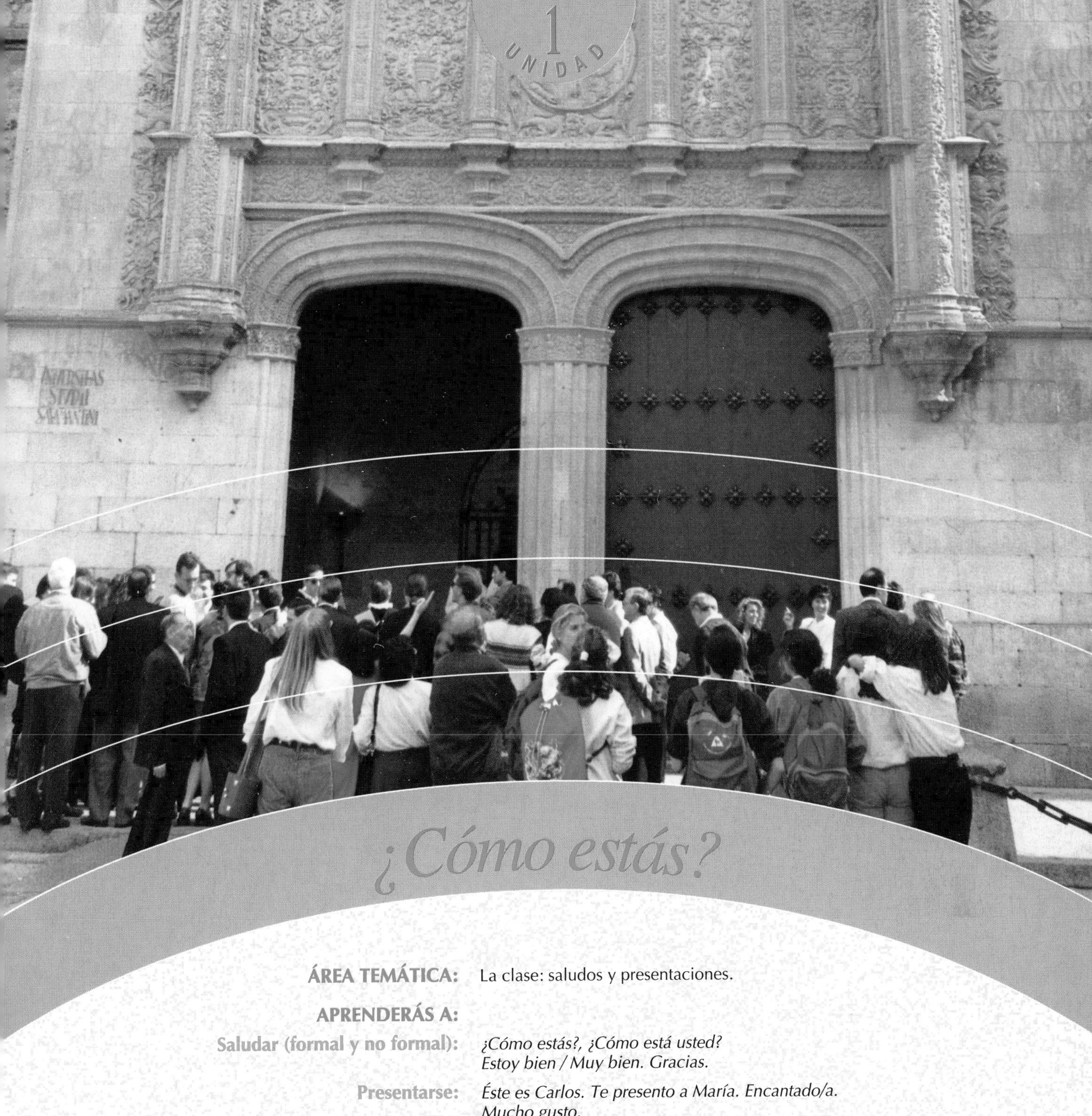

UNIDAD 1

¿Cómo estás?

ÁREA TEMÁTICA: La clase: saludos y presentaciones.

APRENDERÁS A:

Saludar (formal y no formal): *¿Cómo estás?, ¿Cómo está usted? Estoy bien / Muy bien. Gracias.*

Presentarse: *Éste es Carlos. Te presento a María. Encantado/a. Mucho gusto.*

Identificarse, decir / preguntar por el nombre: *Soy José. Me llamo José. ¿Cómo te llamas? ¿Cómo se llama usted?*

GRAMÁTICA: *Soy, eres, es. Estoy, estás, está. Me llamo, te llamas, se llama.*
Concordancia masculino / femenino: **-o, -a, -ø; el, la, los, las.**
Uso de **tú** y **usted**.
Artículo: **el, la, los, las, un, una, unos, unas.**

LÉXICO: Nombres y apellidos usuales en español.
Números: **1** a **10**.

ORTOGRAFÍA Y PRONUNCIACIÓN: Nombres de las letras del alfabeto español.

PÁGINA CULTURAL: Mapa de España en el continente europeo.
Extractos de C. J. Cela (*Viaje a la Alcarria*).

1 De entrada

1. Escucha y repite:

A. *–Soy Marisa.*
B. *–¡Hola, Marisa! ¿Cómo estás?*

2. Practica con tu compañero/a, usando los nombres siguientes:

José — Teresa — Manolo — María — Marta — Juan — Carmen — Pedro

A. *–Soy ....*
B. *–¡Hola, ...! ¿Cómo estás?*

3. Escucha y repite:

A. *–¿Eres Pedro?*
B. *–Sí, soy Pedro.*
A. *–Yo me llamo José. ¿Cómo estás?*
B. *–¡Hola, José! Estoy muy bien, gracias.*

Gramática

(yo)	***Soy Juana***	**Soy**
(tú)	***Eres Marta***	**Eres**
(él)	***Es Manolo***	**Es**

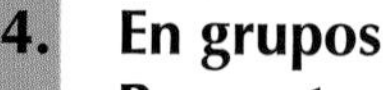

4. En grupos:
Pregunta a cada uno/a de tus compañeros/as según el modelo:

–¿Eres ....?
–Sí, soy .....
–Yo me llamo ....
–¡Hola, ...!

5. Completa las frases siguientes:

–Me .... José
–¡Hola, ...!

–¿.... Pedro?
–Sí, es ....

–¿ .... Juan?
–Sí, es ....

–¿.... Marisa?
–Sí, soy ....

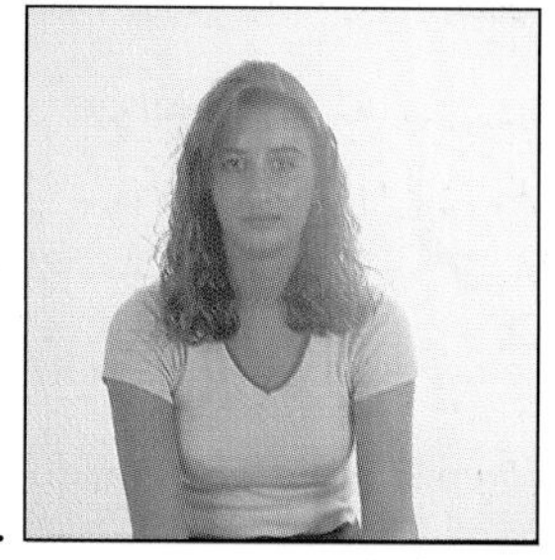

¿.... Marta?
–Sí, soy ....

–¿Cómo ......?
–Muy ...., gracias.

APRENDE A APRENDER:

Usos de ***tú*** y ***usted***:

Tú:	Se usa con amigos o conocidos, en contextos familiares y no formales.
Usted (Ud.):	Se usa en contextos formales, para expresar respeto o cortesía, o cuando no hay confianza con quien hablamos.
¡Hola!:	Se usa como forma coloquial o no formal para saludar.

Compara estos usos con los de tu idioma. Pregunta al profesor.

Se dice así

(Tú) Saludo no formal	**(Usted, Ud.) Saludo formal**
–¿Cómo te llamas?	***–¿Cómo se llama usted?***
–Me llamo...	***–Me llamo...***
–¿Eres Teresa?	***–¿Es usted Teresa Gómez?***
–Sí, soy...	***–Sí, soy...***

6. **a) Escucha y repite:**

–¿Es usted Teresa Gómez?
–Sí, soy Teresa Gómez.
–Yo soy el director. Me llamo Pascual. Mucho gusto.
–Encantada.

b) Escucha y repite:

–¡Hola! ¿Qué tal? ¿Cómo estás?
–Bien, gracias. ¿Y tú?
–Yo, muy bien. ¡Hasta luego!
–¡Adiós!

7. **a) Escucha el diálogo.**

b) Ahora escucha y completa el diálogo con las palabras adecuadas del recuadro.

Es	*Me llamo*
eres	*te llamas*
Encantada	*soy*

–¡Hola! ¿... ésta la clase de español?
–Sí, ¿también .... estudiante de español?
–Sí, ... estudiante de español.
–M.......... Carlos. ¿Y tú? ¿Cómo ....?
–Yo me llamo Pilar.
–Mucho gusto, Pilar.
–...................

2 De refuerzo

1. Observa estas fotos y escribe las formas de saludo.

a) Formal:

–.......................................
–.......................................

–.......................................
–.......................................

b) No formal:

–.......................................
–.......................................

–.......................................
–.......................................

Gramática

	Ser	Estar	Llamar-se
(yo)	*Soy*	*Estoy*	*Me llamo*
(tú)	*Eres*	*Estás*	*Te llamas*
(él/ella)	*Es*	*Está*	*Se llama*

2. Completa las frases con una forma verbal del recuadro:

1. ¿Cómo ...., Carmen?
2. ¿.... Antonio?
3. ¿Te ...... Juan?
4. Me ...... José.
5. ¿..... Marta?
6. ...... muy bien, gracias.
7. ...... Lupe. Y tú, ¿cómo te .....?

Artículos	**Concordancia Nombre-Adjetivo**
Masculino singular/plural: *el, los* **Femenino singular/plural:** *la, las* **Masculino singular/plural:** *un, unos* **Femenino singular/plural:** *una, unas*	**Masculino -o:** *encantad-o* **Femenino -a:** *encantad-a* **Pero si la palabra acaba en consonante:** **Masculino: ø:** *profesor, director, francés* **Femenino: + a:** *profesor-a, director-a, frances-a*

3. **a) Relaciona la palabras de cada columna según el género.**

Lupe	
Ramón	encantad**o**
direct**or**	encantad**a**
profes**ora**	un
señ**or**	un**a**
señ**ora**	él
(el) jov**en**	ella
(la) jov**en**	el
Carmen	la
señorita	

b) Con ayuda del profesor, explica el uso de las formas de masculino y femenino en español.

4. **Completa estas frases:**

1. María es profes....... y Pedro es profes..... .
2. La señor.... está encantad.... .
3. Marisa es jov.... .
4. El direct.... se llama Don Ramón.
5. La direct...... es la señora Laura.
6. La jov.... es profes...... .
7. El señ.... está encantad... .
8. El profes.... se llama Juan.

5. **Completa usando el artículo adecuado:**

1. .... amigo.
2. .... amiga.
3. .... señor.
4. .... profesora.
5. .... señora.
6. .... profesor.
7. .... director.
8. ....compañera.
9. .... compañero.

Se dice así

Señor	=	**Sr.**
Señora	=	**Sra.**
Señorita	=	**Srta.**
Don	=	**D.**
Doña	=	**Dña.**

En español algunos nombres de personas tienen un equivalente familiar:

Francisco	*Paco*
José	*Pepe*
Pilar	*Pili*
Guadalupe	*Lupe*
Teresa	*Tere*
Dolores	*Lola*
Montserrat	*Montse*
María Teresa	*Maite*
Rafael	*Rafa*
Concepción	*Concha/Conchita*
Antonio	*Toño*

6. a) Pregunta a tu compañero/a cómo se dice en su idioma.

Ejemplo: *¿Cómo se dice ..... (joven) en .... (inglés)?*

joven
profesor / profesora
estudiante
señor / señora
compañero / compañera
amigo / amiga
chico / chica
estudiante
alumno / alumna
hombre / mujer
niño / niña

b) Traduce a tu idioma y recuerda estas palabras y expresiones.

escucha	practica ....
observa	estudia ....
completa	traduce ....
aprende	repite ....
relaciona	en parejas / en grupo ....
pregunta	pon ....
compara	¿Eres capaz...? ....
¿Quieres saber más?	De entrada ....
De refuerzo	Toma la palabra ....

3 Toma la palabra

1. En parejas:

a) Poned en orden el siguiente diálogo:

–¡Hasta luego!
–Muy bien. Gracias. ¿Y tú?
–Yo estoy muy bien. Gracias.
–¡Adiós!
–¡Hola, Clara! ¿Cómo estás?

b) Leed a los compañeros el diálogo reconstruido.

2. En parejas:
Preguntad y responded usando frases del recuadro.

Ejemplo: *–¿Cómo se llama la profesora?*
–Se llama Lupe.

–¿Cómo se llama?		*–Se llama ....*	
	–¿Es ....?		*Me llamo ....*
Lupe *Juan*	*María*	*Lola* *Luis*	*Pascual*
	él	*ella*	
–¿Cómo está ....?	*–¿Cómo estás?*	*–¿Cómo está usted?*	*–¿Cómo está él/ella ......?*

3. a) Escucha los primeros números en español.

b) Escucha de nuevo y une cada número con su nombre:

0	cero
1	tres
2	diez
3	uno
4	dos
5	ocho
6	nueve
7	cuatro
8	seis
9	cinco
10	siete

4. **En parejas:**
Presentad a vuestro amigo/a a los compañeros de clase, según uno de los modelos:

Juan: Pascual, ésta es Lupe.
Pascual: ¡Hola, Lupe! ¿Cómo estás?
Lupe: Muy bien. Gracias.

Juan: Te presento a María. María, éste es Carlos.
Carlos: ¡Hola, María! ¿Cómo estás?
María: Encantada.

5. **Relaciona las frases de estas dos columnas:**

¿Cómo estás?	*Bien gracias.*
¿Cómo está usted?	*Encantado.*
¿Cómo te llamas?	*Yo soy Luis. ¿Cómo estás?*
Te presento a Carlos.	*¡Hola, Marta!*
Soy Lupe.	*Muy bien, gracias.*
¡Hola, Helena!	*Me llamo Teresa.*

6. **Escucha:**

Los nombres de las letras: el abecedario español.

A *a*	B *be*	C *ce*	(CH *che*)	D *de*	E *e*	F *efe*	G *ge*
H *hache*	I *i*	J *jota*	K *ka*	L *ele*	(LL *elle*)	M *eme*	N *ene*
Ñ *eñe*	O *o*	P *pe*	Q *ku*	R *ere*	(RR *erre*)	S *ese*	T *te*
U *u*	V *uve*	W *uve doble*	X *ekis*	Y *i griega*	Z *zeta*		

7. **a) Compara con el abecedario de tu idioma: ¿Qué letras del alfabeto español no hay en él? Anótalas.**

....

b) Escucha y luego deletrea estas siglas:

RENFE INI MEC AVE IVA
CEPSA ONU UE OTAN

4 ¿Eres capaz?

Tarea:

Busca en tu idioma nombres y apellidos frecuentes y compáralos con los de la siguiente lista:

¿QUIERES SABER MÁS?

Apellidos:	Nombres: De hombre	Nombres: De mujer
Sánchez	Juan	María
Fernández	Alfonso	Teresa
García	Antonio	Laura
Martínez	Manuel	Carmen
Gutiérrez	José	Marta
Rodríguez	Carlos	Concha (Concepción)
Pérez	José Luis	Susana
Navarro	Rafael	Lupe (Guadalupe)
Domínguez	Felipe	Rosalía
López		
Gómez		

En España	En Hispanoamérica
Tú: se usa en contextos no formales o familiares. Implica familiaridad o igualdad de categoría entre quienes se hablan. →	**Tú** y **Usted** se usan con valores similares: en contextos no formales, el **Tú** (entre amigos, etc.) y en contextos formales, el **Usted**. En Argentina y a veces en Colombia, Paraguay y Uruguay: en vez de **Tú** se suele usar **Vos**: *Vos estás, vos sabés.*
Usted: Se usa en contextos formales, cuando los hablantes no se conocen, o se quiere mantener una actitud formal entre ellos, o uno de ellos ocupa un cargo de mayor relieve. →	El plural de las tres formas (**Tú, Usted** y **Vosotros**) es **Ustedes.**

Un parador
tres casas
cuatro mulas
cinco damas
seis hidalgos
siete zagalas

–¿Cómo te llamas?
–Merceditas, para servirle. Me dicen Merche.
–Es un nombre muy bonito.
–No señor; es un nombre muy feo.
–¿Cuántos años tienes?
–Diecisiete.
–Eres muy joven...
–No, señor; ya no soy muy joven...

–¿Sabes las letras?
–Sí, señor.
–¿Qué letra es ésta?
–Una e.
–¿Y ésta?
–Una eme.
–Muy bien. ¿Sabes las reglas?
–No, señor, las reglas no las sé.

C. J. Cela, *Viaje a la Alcarria.*

TEXTOS Y CANCIONES

España:

Superficie:	**504.750 km^2.**
Población:	**39.500.000 habitantes.**
Densidad:	**75 habitantes por kilómetro cuadrado.**
Río más largo:	**Tajo (1.007 kms).**
Montaña más alta:	**Teide (Canarias, 3.718 metros).**
Capital:	**Madrid (3.012.000 habitantes).**

¿De dónde eres?

ÁREA TEMÁTICA: Los amigos se conocen.

APRENDERÁS A :

Preguntar por nacionalidad, origen: *¿De dónde es Robert?*
Es de Inglaterra. Es inglés.

Preguntar por profesión, trabajo: *¿Qué haces? ¿Qué eres? ¿A qué te dedicas?*
Soy cantante...

Dar las gracias y responder: *Gracias. Muchas gracias.*
De nada.

GRAMÁTICA: Indicativo de los verbos regulares en **-ar**.
Pronombres personales (**yo, tú, él/ella, nosotros/as, vosotros/as, ellos/as**).
Estructura de negación: *(Yo) no trabajo.*
Expresión de pluralidad y revisión de concordancia nombre + adjetivo.

LÉXICO: Nombres de países hispanoamericanos y naciones más importantes.
Números: **10** a **50.**

ORTOGRAFÍA Y PRONUNCIACIÓN: Valor de la **h.**

PÁGINA CULTURAL: Mapa de Hispanoamérica.
Textos literarios de R. J. Sender y M. A. Asturias.

1 De entrada

1. Escucha y repite:

A. *–¿De dónde es Luis?*
B. *–Es de Argentina.*
Es argentino.

A. *–¿De dónde es Ana?*
B. *–Es de España.*
Es española.

2. En grupo:

a) Relacionad cada país señalado en el mapa con su nacionalidad correspondiente:

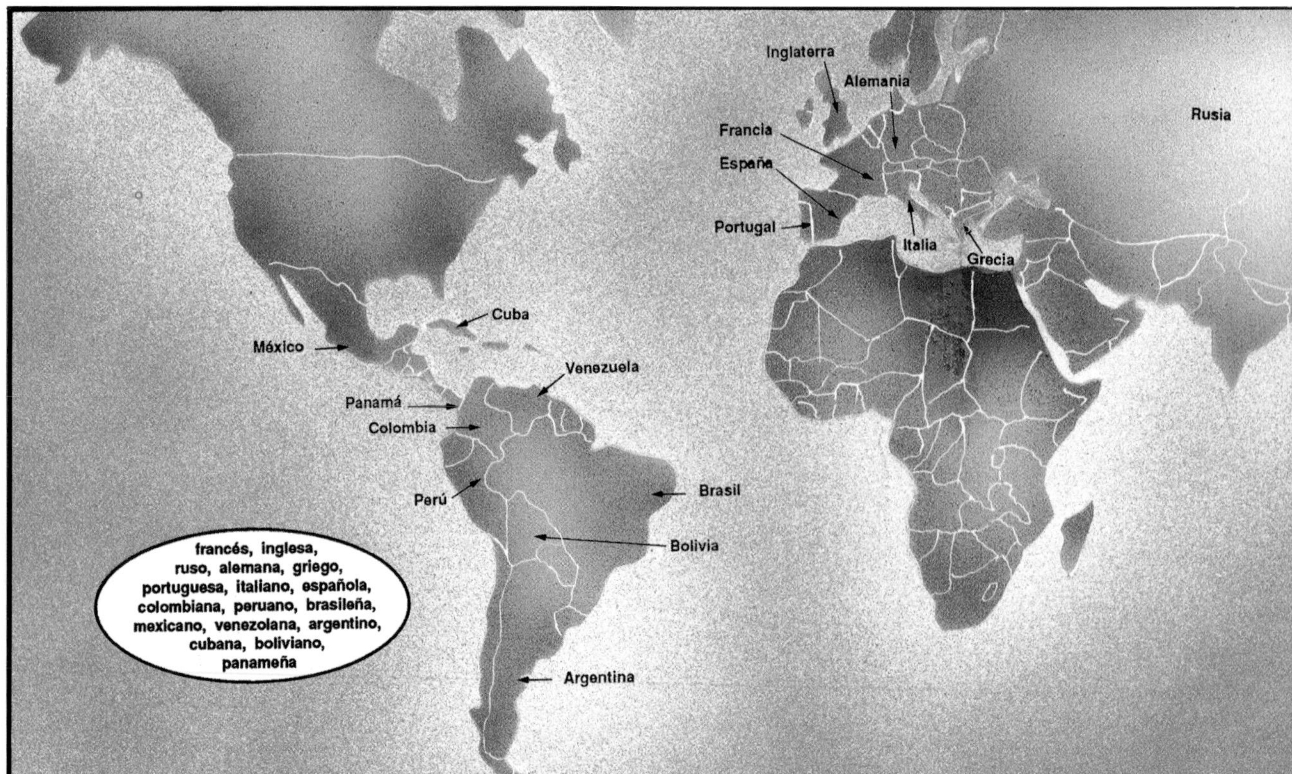

b) Cada miembro del grupo piensa en un nombre cualquiera de los países incluidos y responde a las preguntas de los compañeros/as, según el modelo:

–¿De dónde es ...?
–Es (de) ....

3. Escucha y subraya las palabras referidas a nacionalidades:

Miguel: ¡Hola, Carlos! ¿Cómo estás?
Carlos: ¡Hola, Miguel! Mira, tenemos muchos amigos...
Miguel: ¡Ah sí! Ya veo.
Carlos: Éste es Miguel, un amigo de Madrid. Miguel, ésta es Eva. Es italiana.
Miguel: Mucho gusto, Eva.
Carlos: Y éste es Robert. Es inglés. Habla bien español. Es profesor de inglés.
Miguel: ¡Hola, Robert!
Carlos: Y éstas son Yvette y Brigitte. Son francesas y estudian español.
Miguel: Encantado.
Carlos: Bueno, pues ya estamos todos. ¿Vamos?
Todos: De acuerdo. Sí, vamos.

4. Escucha de nuevo y responde:

1. ¿Son amigos Carlos y Miguel?
2. ¿De dónde es Miguel?
3. ¿Es Brigitte francesa?
4. ¿De dónde es Eva?
5. ¿De dónde es Robert?

Gramática — Formación de plurales

español	**español-es**
francés	**frances-es**
española	**española-s**
francesa	**francesa-s**
cubano	**cubano-s**

A un nombre masculino + un nombre femenino corresponde un plural masculino:
Antonio e Isabel son argentinos.

APRENDE A APRENDER:

a. El plural se forma en español:
- añadiendo **-s** si las palabras acaban en **-o** , **-a** , **-e** .
- añadiendo **-es** si las palabras acaban en consonante.

b. ¿Cómo se forma el plural en tu idioma? Compara con el español.

5. Escucha y completa con las terminaciones adecuadas:

María
Lupe
Sara
Pablo
Carlos
Felisa
Ana
Luis

es

argentin...
mexican...
peruan...
venezolan...
colombian...
hondureñ...
salvadoreñ...
cuban...

Sara y Pablo son español.....
Lupe y Felisa son colombian.....
Brigitte y François son frances.....
Laura y Sofía son italian.....
Robert y Bob son ingles.....

6. Escucha y lee:

Miguel: Éste es el parque Central. Es tranquilo.
Carlos: Sí, y muy agradable.
Miguel: Tú, Robert, ¿dónde trabajas?
Robert: ¿Dónde trabajo? En la academia *Universidad.*
Miguel: ¿En la universidad?
Robert: No, en la universidad no; en una academia de idiomas. No es la universidad.
Miguel: ¡Ah, en una academia! Yo también estudio inglés en una academia. Pero no hablo bien inglés. Mi inglés no es bueno...
Robert: Yo tampoco hablo bien español... Y tú, Miguel, ¿qué haces? ¿A qué te dedicas?
Miguel: Yo trabajo en informática. Necesito saber inglés.
Robert: Y yo necesito hablar español. Podemos practicar los dos...
Miguel: Es una buena idea.

7. Lee de nuevo el diálogo anterior y responde:

1. ¿A qué se dedica Miguel?
2. ¿Qué es Robert?
3. ¿Habla Miguel inglés?
4. ¿Dónde trabaja Robert?
5. ¿Habla Robert español?

Yo estudio inglés.
(Yo) ***no*** *estudio inglés.*

No *hablo bien inglés.*
Mi inglés ***no*** *es bueno.*

Hablar, trabajar		Estructura negativa	
(yo)	***Hablo, trabajo.***	(yo) ***No*** *hablo,* ***no*** *trabajo, etc.*	**soy**
(tú)	***Hablas, trabajas.***		**eres**
(él/ella)	***Habla, trabaja.***		**es**
(nosotros/as)	***Hablamos, trabajamos.***		**somos**
(vosotros/as)	***Habláis, trabajáis.***		**sois**
(ellos/as)	***Hablan, trabajan.***		**son**

APRENDE A APRENDER:

a. Observa cómo se forma la negación en español.

b. Compara la estructura negativa del español con la propia de tu idioma.

Los Pronombres

¿Qué quieres?

Yo, una moto.

Tú, una bicicleta.

Él, un ordenador / Ella, una radio.

Nosotros / Nosotras, un apartamento.

Vosotros / Vosotras, un barco.

Ellos, un viaje / Ellas, unas vacaciones.

2 De refuerzo

Se dice así

En español se usan dos apellidos después del nombre: el primero es del padre y el segundo de la madre:

Pascual CANTOS LÓPEZ

La mujer casada conserva sus apellidos de soltera.

1. **Completa estas fichas con información de los recuadros:**

Apellidos: ....
Nombre: ....
Nacionalidad ....

Apellidos: ....
Nombre: ....
Nacionalidad ....

Apellidos: ....
Nombre: ....
Nacionalidad ....

A)

Giménez
Sánchez
García
Rodrigo
Cajal
Mato
Gutiérrez
Cantos
Solé
González
Suárez
Fernández

B)

Enrique
Lorena
Laura
Juan
Marta
Antonio

C)

español
mexicana
cubano
argentino
colombiana
peruano

2. **En parejas:**

a) **Mirad el recuadro siguiente y relacionad cada nombre con su país:**

b) **Escribid cinco nombres de personas, de un país del recuadro.**

c) **Luego practicad con vuestro compañero/a, según el modelo:**

–¿De dónde es .....?
–Es de .... (Cuba).
–Es ....(cubano/a).

Brigitte	Inglaterra
Anne	Italia
Carlo	Francia
Kurt	Brasil
Liliana	Alemania
Mijail	Estados Unidos
Bill	Rusia
Diego	Chile

3. Completa con las terminaciones adecuadas:

1. Ellas son español.....
2. Mijail es rus.....
3. El rey Juan Carlos es españ.....
4. Los profesores son venezolan....
5. La señora es colombian....
6. Los amigos son ingles....
7. Las amigas son frances....
8. Kurt es alem....

4. Niega las afirmaciones siguientes:

1. Robert habla español.
2. Sofía es italiana.
3. Lupe es española.
4. Luis es alemán.
5. El señor trabaja en Madrid.
6. El amigo de Brigitte es argentino.
7. Juan vive en Sevilla.
8. Ella se llama Carmen.

5. Practica con tu compañero/a: Haced cinco frases según los modelos:

–¿Es Yvette francesa?
–Sí, es francesa.

–¿Es Carlo alemán?
–No, no es alemán, es italiano.

1. ....
2. ....
3. ....
4. ....
5. ....

6. Responde y aprende: ¿Qué es...?

cantante

Locutora de radio o TV

tenista

futbolista

piloto de carreras

camarero

7. Lee estas matrículas de coches:

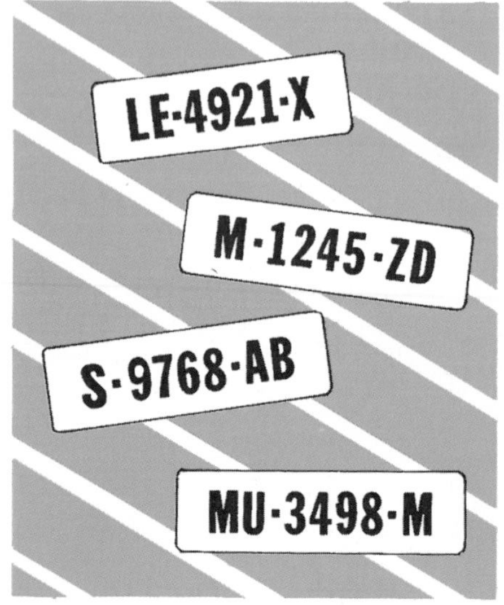

8. Escucha y aprende:

10 diez · 11 once · 12 doce · 13 trece · 14 catorce · 15 quince

16 dieciséis · 17 diecisiete · 18 dieciocho · 19 diecinueve · 20 veinte

30 treinta · 40 cuarenta · 50 cincuenta

3 Toma la palabra

Se dice así

Ésta es una *tarjeta*.
Observa que en las tarjetas se pone: nombre y apellidos, profesión, dirección o señas (calle, número de la calle, piso), distrito postal, ciudad y número de teléfono.

1. En grupos:
Practicad con vuestros compañeros/as según el modelo:

–¿Qué eres? *–Soy ....*
–¿A qué te dedicas? *–Soy ....*
–¿Qué haces? *–Soy ....*

2. En parejas:
Leed y completad el diálogo siguiente:

(En la terraza de un bar, en la calle)

Miguel: Camarero. La cuenta, por favor.
Camarero: Un momento. Aquí ......
(Miguel paga)
Robert: No, no. .... todos.
Yvette: Sí, claro. Nosotras también.
Miguel: No. Hoy .... yo.
Yvette: No, ... es posible así. .... amigos.
Miguel: Sí, pero hoy .... mi cumpleaños y ...
Todos: ¡Ah, bueno! Entonces sí. ¡Felicidades, Miguel! Y much..... gracias.
Miguel: De nada. Son sólo 19 años...
Todos: ¡Pues .... a celebrarlo otra vez!

3. Leed vuestro diálogo reconstruido a la clase y comparadlo con otros grupos.

4. En parejas:
Haced frases con una palabra de cada columna:

El	chico	habla	francés.
La	amiga	es	española.
Un	director	vive (en)	Costa Rica.
Unos	amigos	estudian	inglés.
Los	cantantes	viven (en)	Madrid.
Las	españolas	estudia	español.
Esta	idioma	son	difícil.
Este	apellido	hablan	mecánico.
Unos	nombres		estudiantes.
Unas	alumnas		tenistas.

5. En parejas:
Completad estas frases:

1. La profesora es de ....
2. Ellos no .... ingleses.
3. .... viven en Buenos Aires.
4. Yvette .... español.
5. Robert .... en una academia de idiomas.
6. Miguel y Carlos .... amigos.
7. Nosotras también pagam....... .
8. Hoy invi...... Carmen.

6. La *h* nunca se pronuncia en español:

a) Escucha.

b) Escucha y lee:

hablar	hacer	hondureño
¡hola!	Honduras	hablamos

4 ¿Eres capaz?

Tarea:

Consulta una enciclopedia y completa los datos de cada país de habla española.

País	Superficie	Habitantes	Centroamérica	Sudamérica
El Salvador				
Argentina				
Uruguay				
Paraguay				
Puerto Rico				
Cuba				
Perú				
Panamá				
Bolivia				
Venezuela				
Nicaragua				
Colombia				

¿QUIERES SABER MÁS?

País	Nacionalidad
China	chino/a
Japón	japonés/sa
Corea	coreano/a
India	indio/a
Australia	australiano/a
Filipinas	filipino/a
Marruecos	marroquí
Argelia	argelino/a
Egipto	egipcio/a
Nigeria	nigeriano/a
Arabia	árabe
Holanda	holandés/sa
Bélgica	belga
Irlanda	irlandés/sa
Suecia	sueco/a
Noruega	noruego/a
Suiza	suizo/a
Austria	austriaco/a

España		Hispanoamérica
En España hablamos del **carnet (de identidad)**;	→	en Hispanoamérica hablan de la **cédula (de identidad)**.
El **chico** en España	→	es el **chavo** en México.
En España se llama la atención de alguien con **¡Oiga!**;	→	en Argentina, con **¡Ché!**
El **español**	→	es llamado **gallego** en varios países de Hispanoamérica.

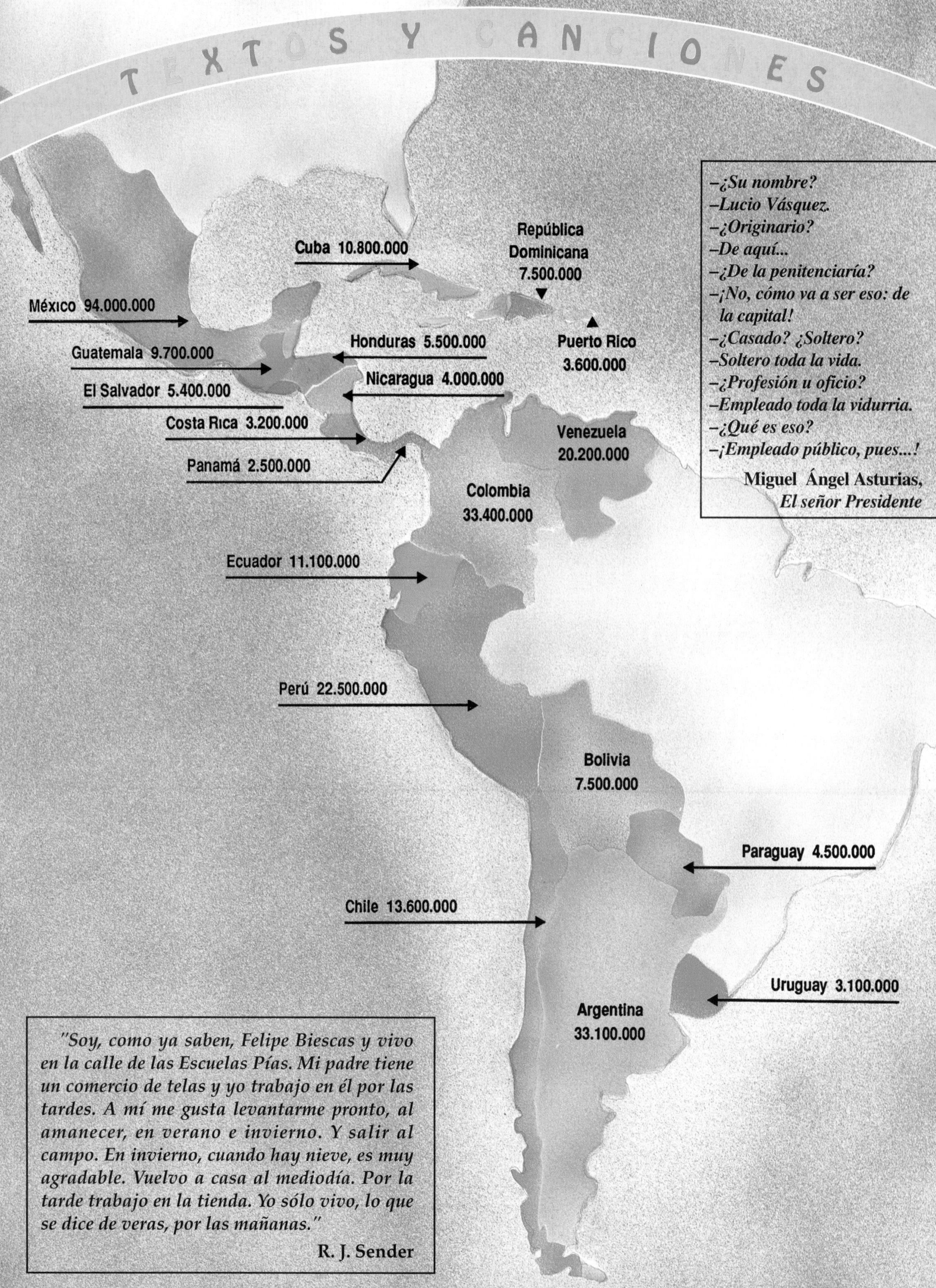

–¿Su nombre?
–Lucio Vásquez.
–¿Originario?
–De aquí...
–¿De la penitenciaría?
–¡No, cómo va a ser eso: de la capital!
–¿Casado? ¿Soltero?
–Soltero toda la vida.
–¿Profesión u oficio?
–Empleado toda la vidurria.
–¿Qué es eso?
–¡Empleado público, pues...!

Miguel Ángel Asturias,
El señor Presidente

"Soy, como ya saben, Felipe Biescas y vivo en la calle de las Escuelas Pías. Mi padre tiene un comercio de telas y yo trabajo en él por las tardes. A mí me gusta levantarme pronto, al amanecer, en verano e invierno. Y salir al campo. En invierno, cuando hay nieve, es muy agradable. Vuelvo a casa al mediodía. Por la tarde trabajo en la tienda. Yo sólo vivo, lo que se dice de veras, por las mañanas."

R. J. Sender

¿Qué ciudad es ésta?

ÁREA TEMÁTICA:	La ciudad y la vivienda.
APRENDERÁS A :	
Preguntar sobre el entorno:	*¿Qué ciudad es ésta?* *¿Es (ésta) la plaza de Mayo?* *¿Dónde está la plaza de Mayo?*
Identificar y describir espacio exterior, objetos, cosas, lugar donde se vive, casa/apartamento:	*Es Buenos Aires.* *La plaza de Mayo está en el centro de Buenos Aires.* *Sí/No, (no) es la plaza de Mayo.* *¿Qué es esto? Éste es el comedor, la cocina...*
Expresar sorpresa:	*¡Qué grande es esto!* *¡Qué bonita es la ciudad!*
GRAMÁTICA:	Concordancias de palabras acabadas en **e** ; plurales. *De + el; a + el.* **Hay** + sustantivo. *Este/esto/ese/aquel +* ***ser***. Indicativo presente de los verbos en -***er*** e -***ir***. Irregular: *tener.* Números **50-110**.
LÉXICO:	Objetos de la casa y el entorno. Opuestos: *cerca de/ lejos de.* Preposiciones de lugar: *sobre/debajo; encima de, en el centro, delante de/detrás de; en, dentro de.*
ORTOGRAFÍA Y PRONUNCIACIÓN:	Valores de **c+a, o, u; c+e, i.**
PÁGINA CULTURAL:	Descripción de Buenos Aires. Textos literarios: *G. Miró y Azorín.* Canción: *Mi Buenos Aires querido (Gardel).*

1 De entrada

1. Escucha y anota V (verdadero) o F (falso).

	V	F
1. Río de la Plata es un río muy grande.	❑	❑
2. Rosa y Miguel viajan en avión.	❑	❑
3. Rosa desea ver a sus tíos.	❑	❑
4. Desde el avión no se ve la plaza de Mayo.	❑	❑
5. Miguel está muy contento de llegar a Argentina.	❑	❑

(Desde el avión)

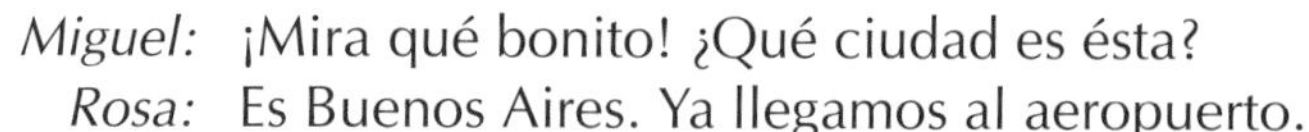

Miguel: ¡Mira qué bonito! ¿Qué ciudad es ésta?
Rosa: Es Buenos Aires. Ya llegamos al aeropuerto.
Miguel: ¡Qué grande es el río! ¿O es el mar? No veo la costa a la izquierda.
Rosa: Sí, es muy grande; es el mar de Río de la Plata.
Miguel: Ahora bajamos muy deprisa. Allí veo una gran plaza. ¿Es la plaza de Mayo?
Rosa: No creo. La plaza de Mayo está en el centro de Buenos Aires.
Miguel: Ahora no veo nada. Hay nubes, muchas nubes...
Rosa: Llegamos en pocos minutos. ¡Estamos en Argentina de nuevo! ¡Qué alegría! ¿No estás contento tú también, Miguel?
Miguel: ¡Pues claro! Tengo ganas de ver a mis tíos.

¿Qué ciudad es ésta?	***–Es Buenos Aires.***
¡Qué grande es el río! ***¡Qué bonita es la ciudad!***	***–Sí, el río es muy grande.***
¿Es (ésta) la plaza de Mayo?	***–Sí, es la plaza de Mayo.*** ***–No, no es la plaza de Mayo, es...***

2. Lee de nuevo el texto anterior: identifica y subraya en él las frases del recuadro.

3. En parejas:

a) ¿Cuántas palabras de la lista siguiente aparecen en el diálogo de 1? Anotadlas. Buscad el resto en el diccionario o preguntad al profesor.

ciudad
pueblo
edificios
monumento
plaza Mayor

calles
parque Central
iglesia
río
calle Carlos II

bonito
antiguo
grande
tranquilo
famoso
alto

pequeño
ancho
estrecho
moderno
ruidoso

b) Haced preguntas y responded con frases así, usando los nombres y adjetivos anteriores:
Ejemplos:

A. –*¿Qué calle es ésta?*
B. –*Es la calle...*

A. –*¡Qué pequeña es la calle!*
B. –*Sí, la calle es muy pequeña.*

A. –*¿Es éste el parque (Central)?*
B. –*Sí/No, (no) es el parque (Central).*

4. Escucha y lee.

(En casa de los tíos)

Miguel: ¿Es ésta su casa?
Tía: Sí, es mi casa.
Miguel: Es muy grande y muy bonita.
Tía: Éste es el comedor. La mesa y las sillas son europeas, bastante antiguas. Y la lámpara también.
Miguel: ¿Y el armario? También parece antiguo.
Tía: Sí, parece antiguo, pero es moderno.
A la derecha está la cocina. Es amplia. Ésta es la terraza. Y aquí, a la izquierda, están las habitaciones.
Miguel: ¡Qué grande es esto!
Y el cuarto de baño, ¿dónde está?
Tía: ¡Ah, sí! Está al fondo del pasillo, al lado de nuestra habitación.
Miguel: Todo está muy bien. Me alegro de estar aquí.

5. Escucha de nuevo y anota si este dibujo es igual que lo que oyes.

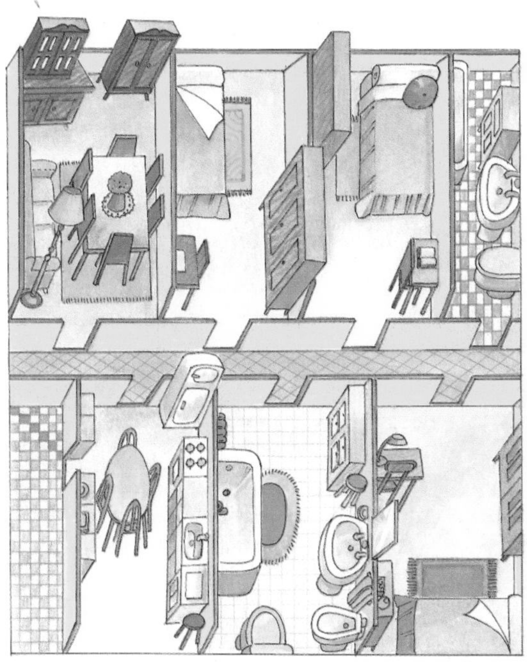

6. Estudia:

50 cincuenta	60 sesenta
70 setenta	80 ochenta
90 noventa	100 cien
110 ciento diez	

2 De refuerzo

1. **a) En parejas: Completad las frases:**

A. –*¿Qué .... es ésta?*
B. –*........... Madrid.*

A. –*¿Vives en una ciudad?*
B. –*No, no....... en una....... Vivo en el campo.*

A. –*¿En qué ciudad vives?*
B. –*.......... ...... México.*

A. –*¿Es bonita la ciudad de Santo Domingo?*
B. –*Sí, es muy ....*

b) Haced cuatro preguntas y respuestas, como las anteriores.

2. **Haz frases con una palabra de cada columna.**

Ejemplo: *Éste es el comedor.*

éste	es	la	comedor
ésta	son	el	sillas
éstos		los	cocina
éstas		las	armario
		un	casa
		una	pasillo
		unos	habitación
		unas	cuarto de baño
			libros
			lámpara
			mesa
			habitaciones

3. **Responde según el modelo:**

–*¿Qué es esto?*
–*Es una casa.*

museo banco escuela monumento edificio río hospital parque plaza

*–¿**Dónde** está (el cuarto de baño)?*
*–Está **al fondo** del pasillo.*

El armario está **al fondo** del comedor.
El televisor está **a la derecha** de la mesa.
La lámpara está **delante** del sofá.
El televisor está **lejos** del sofá.
La mesa está en el **centro**.
Una silla está **detrás** del sofá.
Los libros están **cerca** del televisor.
El cuadro está **a la izquierda** del armario.

4. Fíjate en el dibujo anterior y completa las frases.

1. La mesa está .... (el) comedor.
2. Los libros están .... armario.
3. La lámpara está .... la mesa.
4. El televisor está .... la habitación.
5. El armario está .... las sillas.
6. El sofá está .... la alfombra.
7. Las sillas están .... la mesa.
8. La lámpara está .... cuadro.

Concordancia nombre-adjetivo (invariable y variable):

a) **La terminación del adjetivo en *-e/-es* es igual para el masculino y para el femenino.**

Es una casa grande. — *Son unas casas grandes.*
Es un coche grande. — *Son unos coches grandes.*

b) **Los adjetivos acabados en *-o /-os* son masculinos y los acabados en *-a /-as* son femeninos.**

Es una casa bonita. — *Son unas casas bonitas.*
Es un coche bonito. — *Son unos coches bonitos.*

APRENDE A APRENDER:

En grupo:
Observad los ejemplos del recuadro anterior y explicad las distintas formas de concordancia. Preguntad al profesor o consultad una gramática.

5. Pon un adjetivo (columna derecha) a cada uno de los nombres (columna izquierda):

río	grande
ciudades	ancho
plaza	altos
habitación	alegre
lavabo	amplio
edificios	amplia
casa	bonitas
calle	bonito
cuadro	ancha

de + el = *del*
a + el = *al*

Pero:
a la, a las, a los, de la, de las, de los.

6. Completa con la forma adecuada:

1. Las calles .... ciudad.
2. El jardín .... plaza.
3. Mis tíos van ..... centro.
4. No, es el mar de Río .... Plata.
5. Son las sillas ..... comedor.
6. Es la casa .... tíos.
7. La ventana .... habitación.
8. La lámpara .... terraza.
9. El cuadro .... casa.
10. Las calles .... ciudades.

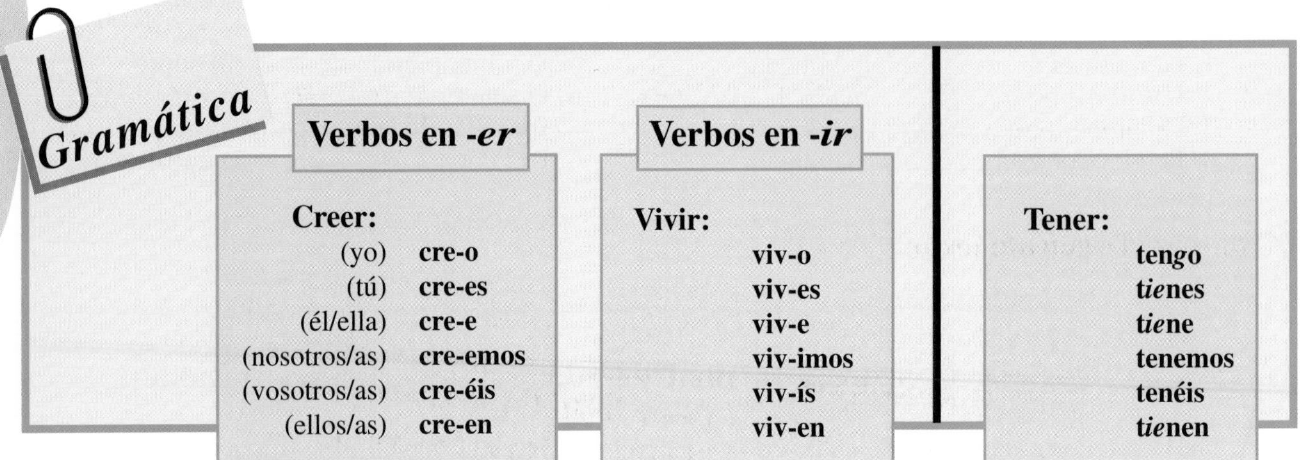
Gramática

Verbos en *-er*		Verbos en *-ir*	
Creer:		**Vivir:**	**Tener:**
(yo)	**cre-o**	**viv-o**	**tengo**
(tú)	**cre-es**	**viv-es**	**tienes**
(él/ella)	**cre-e**	**viv-e**	**tiene**
(nosotros/as)	**cre-emos**	**viv-imos**	**tenemos**
(vosotros/as)	**cre-éis**	**viv-ís**	**tenéis**
(ellos/as)	**cre-en**	**viv-en**	**tienen**

7. Pregunta y responde según el modelo:

a) *–¿Vives en Madrid?*
–No, no vivo en Madrid.

1. ¿Vives en Caracas? ....
2. ¿Viven en México? ....
3. ¿Vivís en Buenos Aires? ....
4. ¿Vivimos en Santo Domingo? ....
5. ¿Vivís en Puerto Rico? ....
6. ¿Vives en el Perú? ....
7. ¿Vivís en Venezuela? ....
8. ¿Viven en Bolivia? ....

b) Completa las formas de *tener:*

Ten...o un tío en Buenos Aires. María t...ne una casa pequeña. ¿T...ne río esta ciudad? Buenos Aires t...ne calles grandes. Este pueblo no t...ne iglesia. ¿T...nes una casa en Madrid?

3 Toma la palabra

1. En parejas:
Haced una frase para cada dibujo.

(*debajo de*)
La alfombra ....

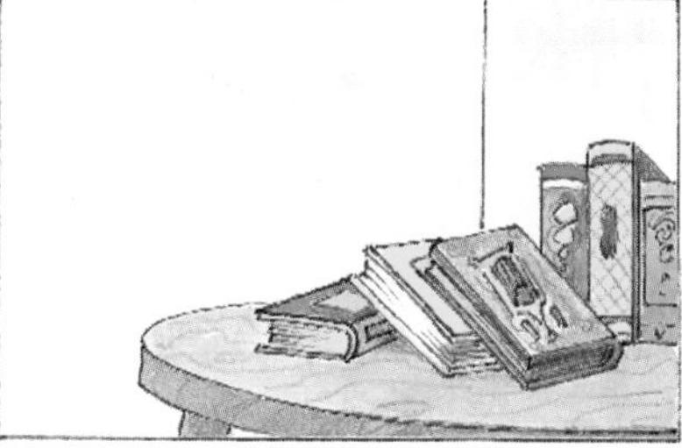

(*encima de*)
Los libros ....

(*sobre*)
La lámpara.............................

(*en*)
Los árboles ....

(*en el centro de*)
La mesa ....

(*dentro de*)
El cuadro ....

2. a) Lee el siguiente texto:

Buenos Aires es una ciudad muy grande. Es la capital de Argentina desde 1880. En la ciudad hay muchos parques, jardines, edificios modernos y antiguos, monumentos, casas nuevas y viejas... Algunas calles son estrechas, pero una avenida es muy ancha: tiene 140 metros de ancho. Buenos Aires tiene también un metro o subterráneo de 30 kilómetros. El subterráneo transporta un millón de personas al día. Buenos Aires es una ciudad bastante antigua; fue fundada en 1536.

b) Subraya en el texto anterior todos los nombres y los adjetivos. Luego anota el género y el número de los adjetivos.

a. –¿*Qué* ***hay*** *en Buenos Aires?*
b. –*En Buenos Aires* ***hay*** *muchos parques y jardines.*

3. En parejas:
Haced preguntas sobre el texto anterior usando *hay*.

Ejemplo:
–*¿Hay metro en Buenos Aires?*
–..
–..
–..
–..

4. En grupos:
Averiguad qué hay en la casa o piso de vuestros compañeros/as. Haced preguntas como en el modelo y anotad las respuestas:

a) –*¿Qué* ***hay*** *en la .... (habitación)?*
b) –*En la habitación* ***hay*** *........... (cuatro sillas, una mesa, etc.).*

¿Qué hay en .....?	*En .... hay ....*
el comedor	
la habitación	
el pasillo	
la cocina	

5. Por escrito:

a) **Describe tu propia casa o piso.**
b) **Lee la descripción a tu compañero/a y corregidla.**
c) **En caso de duda, preguntad al profesor.**

6. Pronunciación.

a) **Escucha y lee:**

casa, comedor, cuatro, cómo, calle, capital, cuadro, cuarto
centro, gracias, cinco, cien, encima, hacer, francés, cero, ciudad.

b) **Escucha y repite.**
c) **En parejas: observad los ejemplos anteriores y explicad cuándo la *c* se pronuncia como [κ] o [θ]. Preguntad al profesor.**

4 ¿Eres capaz?

Tarea:

a. Haz un plano del colegio o escuela donde estudias.

b. Descríbelo.

c. Con la ayuda del diccionario, haz una lista de todos los muebles y objetos que hay en el colegio o la escuela.

d. Compara tu lista con la de tu compañero/a de clase.

e. **Toda la clase:** haced una lista con las palabras anotadas por todos.

¿QUIERES SABER MÁS?

El entorno y el lugar donde se vive:
la ciudad y la casa.

La ciudad		La casa
ciudad	calle	casa
pueblo	plaza	comedor
campo	avenida	habitación
	parque	pasillo
	jardín	cocina
	paseo	lavadero
	monumento	cuarto de baño
	ayuntamiento	mesa, mesita (de noche)
	iglesia	cama
	manzana	silla
		sillón
		sofá
		armario
		lámpara
		espejo
		alfombra
		cuadro
		puerta
		llave
		ventana
		ascensor

El entorno y la casa

España → **Hispanoamérica**

*En Madrid se va en **metro**.* → *En Buenos Aires se va en **subterráneo**.*

*El **cuarto** (habitación) en España* → *es una **pieza** en Hispanoamérica.*

*En una ciudad española, **manzana** es el nombre dado a un grupo de casas rodeadas por calles.* → *En Hispanoamérica, **cuadra** es el lado de una manzana.*

*El **ascensor** español* → *es un **elevador** en los edificios de Hispanoamérica.*

*Lo que en España es **bonito, hermoso**,* → *en Hispanoamérica es más frecuentemente **lindo**.*

El centro de Buenos Aires está ordenado en cuadros; todas las calles se cruzan en ángulo recto. Allí está la avenida Nueve de Julio, con ciento cuarenta metros de anchura: es la más ancha del mundo. En el gran Buenos Aires vive una tercera parte de la población argentina: diez millones de habitantes. Es el centro de la economía del país. La importación y exportación se hace en su puerto; las carreteras y ferrocarriles acaban y empiezan en Buenos Aires.

"A mí se me hace cuento que nació Buenos Aires.
La juzgo tan eterna como el agua y el aire."

Jorge Luis Borges.

Buenos Aires

Mar del Plata

"La casa es grande, ancha; sobre la puerta de la calle hay un enorme escudo de piedra; el balcón es espacioso, con barrotes trabajados a forja; y allá dentro del edificio, a mano izquierda, después de pasar por una vasta sala que tiene una puertecilla en el fondo, se ve un patio claro, limpio..."

Azorín.

"Vivía Luis en la calle más ancha, más alumbrada de la ciudad. Todos los edificios eran altos, vistosos, relucientes; algunos opulentos, y muchos de ellos modernistas y todo, con bravísima fauna y flora de cemento armado.

Las aceras, amplias y rociadas; los andenes plantados de acacias redondas, que ya rebrotaban y hacían pensar en árboles grandes; la abundancia de luz y la amenidad y tentación de los escaparates y vitrinas de las tiendas, todo era incentivo para que allí acudiera la escogida juventud."

Gabriel Miró.

TEXTOS Y CANCIONES

Mi Buenos Aires querido:
Cuando yo te vuelva a ver
no habrá más pena ni olvido.
El farolito de la calle en que nací
fue el centinela de mis promesas de amor,
bajo su quieta lucecita yo la vi
a mi pebeta luminosa como un sol.
Hoy que la suerte quiere que te vuelva a ver
ciudad porteña de mi único querer,
y oigo la queja de un bandoneón,
dentro del pecho pide rienda el corazón.
(...)

Carlos Gardel.

¿Dónde está el museo?

ÁREA TEMÁTICA:	Orientarse en el espacio externo: con una amiga francesa en Madrid.
APRENDERÁS A:	
Pedir / Dar información sobre el entorno:	*Por favor, ¿sabe usted dónde está la calle...?* *Perdone, ¿dónde está la calle...?* *¿Dónde está la calle Correos?* *¿Es ésta la calle Correos?*
Pedir información / aclaraciones:	*¿Puedo aparcar aquí?*
Ubicar cosas y personas:	*El bar está aquí/ ahí/ allí; cerca, lejos a la derecha...*
Dar instrucciones sobre lugares, dirección:	*Gire a la derecha.* *Siga de frente.*
GRAMÁTICA:	**Aquí / ahí / allí.** Algunos presentes irregulares (*poder, venir, ir*). Imperativo. Formas para orientar (*tome, vaya, gire...*).
LÉXICO:	Palabras relativas a ciudades, transporte, lugares y edificios públicos. Términos que denotan posición en el espacio (*A la derecha/ izquierda...*).
ORTOGRAFÍA Y PRONUNCIACIÓN:	Sonido **/x/** y valores de **g/j.**
PÁGINA CULTURAL:	Ciudad de Madrid: Su historia. Lo que se ha escrito sobre Madrid.

1 De entrada

1. **Escucha y completa el diálogo con las palabras del recuadro:**

aquí	*allí*	*puedo*	*es*	*lleno*	*vamos*	*allí*	*a la derecha*

Laura: Es ...., papá, en "Internacional".
Padre: Sí, pero ¿dónde ...... aparcar? Aquí está ocupado, ... también.
Laura: Mira, allí, ..., un poco más adelante.
Padre: ¡Ah, sí! Ya está. Estupendo. No ..... fácil encontrar aparcamiento en este aeropuerto; siempre está ....
Laura: Sí, claro. .... hay una máquina para sacar el ticket.
Padre: Todo arreglado. Ahora .... a buscar a Danielle.

2. **Observa y aprende:**

aquí	ahí	allí / allá
este / a	ese / a	aquello/a

APRENDE A APRENDER:

En grupos:
Observad los dibujos y el significado de *aquí, ahí, allí.*

-El uso de estas palabras depende de la distancia entre el objeto o persona respecto a quien habla y aquel con quien se habla (cerca del hablante: *este/a, esto*; un poco más lejos del hablante y oyente: *ese/a, eso*. Lejos de ambos: *aquel/aquella/aquello).*

Comparadlo con las palabras que usáis en vuestro idioma para expresar lo mismo.
Consultad las dudas con el profesor.

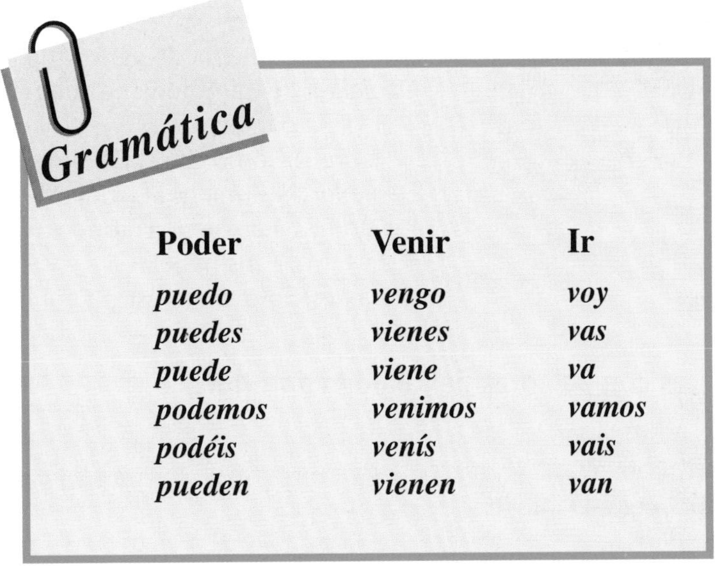

Poder	Venir	Ir
puedo	*vengo*	*voy*
puedes	*vienes*	*vas*
puede	*viene*	*va*
podemos	*venimos*	*vamos*
podéis	*venís*	*vais*
pueden	*vienen*	*van*

3. Laura y sus padres no conocen el aeropuerto y preguntan.
Escucha y repite las siguientes frases:

–Por favor, ¿sabe usted dónde está ...

- *la oficina de Iberia?*
- *el punto de encuentro?*
- *las llegadas internacionales?*
- *las llegadas nacionales?*
- *el bar?*
- *la puerta de embarque?*

–¿El .... (bar), por favor?
–Perdone, ¿dónde está .... (la oficina de Iberia)?

4. Escucha y anota cuántas veces hablan Laura y Danielle:

American Airlines anuncia la salida de su vuelo AA186 con destino a Miami y salida a las 13,25 horas. Puerta de embarque número 16.
Air France comunica a los señores pasajeros que el vuelo AF347, con destino a París y salida a las 13,15 horas, tiene un retraso de quince minutos.
Iberia anuncia la llegada del vuelo IB486, procedente de París.

Laura: Ya llega el vuelo de París. Papá, pon el letrero más alto.
(..............)
Danielle: ¿Son ustedes los señores Castillejo?
Padre: Sí. Y tú ¿eres Danielle?
Danielle: Sí, soy Danielle. ¿Cómo estáis? Y tú eres mi amiga Laura, ¿no es verdad?
Laura: Claro. Soy Laura. ¿Cómo estás? Estoy muy contenta de verte y de conocerte.
Danielle: Yo también me alegro mucho y estoy muy contenta.
Padre: ¿Cómo estás, Danielle? ¿Estás muy cansada?
Danielle: No mucho. El viaje desde París es corto.
Padre: Muy bien. Entonces vamos al aparcamiento. ¿Y tus maletas?
Danielle: Sólo tengo ésta. Y mi bolso.

5. Completa estas frases con palabras del diálogo anterior:

1. Yo también .... mucho.
2. Danielle .... muy contenta.
3. Laura .... de conocer a Danielle.
4. Ya ...... el vuelo de París.
5. Ahora .... hacia el coche, en el aparcamiento.
6. Sólo .... esta maleta.
7. Danielle no .... muy cansada.
8. Danielle y Laura se .... mucho de verse.

Gramática

	Presente	Imperativo
Poner:	***pongo, pones, pone...***	***pon*** (tú)
Seguir:	***sigo, sigues, sigue, seguimos, seguís, siguen***	***sigue*** (tú)

Alegrarse	Llamarse
me alegro (mucho)	***me llamo*** (Laura)
te alegras	***te llamas***
se alegra	***se llama***
nos alegramos	***nos llamamos***
os alegráis	***os llamáis***
se alegran	***se llaman***

2 De refuerzo

1. ¿Cómo se dice en tu idioma?

a la derecha	a la izquierda	cerca de	frente a	delante de
recto	lejos de	junto a	de frente	detrás de

2. Lee y subraya todos los verbos del texto:

Laura, Danielle y los padres de Laura entran en Madrid por la autopista de Barajas. En Madrid el tráfico es muy intenso. Llegan a la Castellana, una avenida muy ancha y rápida. En la plaza de Cibeles giran a la derecha, por la calle de Alcalá. Siguen por el centro de la ciudad. Pasan por la Puerta del Sol y por el Ayuntamiento. Ante ellos, a su derecha, está el Palacio Real. Giran a la izquierda y, por el viaducto, siguen hasta llegar a la estación de Atocha. Dan la vuelta a la plaza, suben por el Paseo del Prado, y llegan al Museo. Allí aparcan.

3. En grupos:
Leed de nuevo el texto anterior y comprobad en este plano si Danielle y Laura siguen este recorrido:

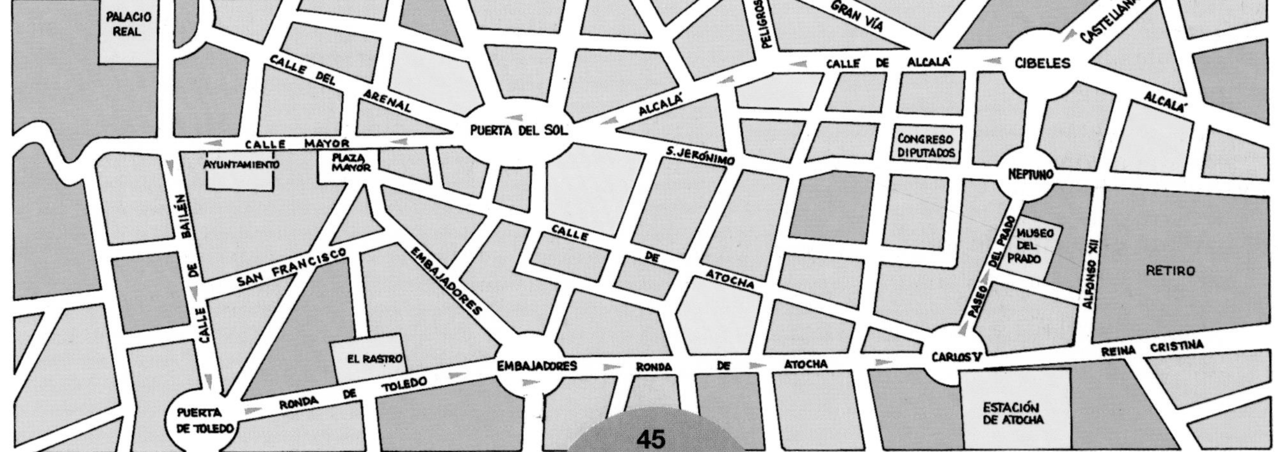

4. En parejas: Mirad este plano del aeropuerto de Barajas y preguntad según el modelo:

A. *–¿Dónde está el/la ....?*
B. *–Está ahí/allí ..... (cerca, lejos, al lado de) ....*

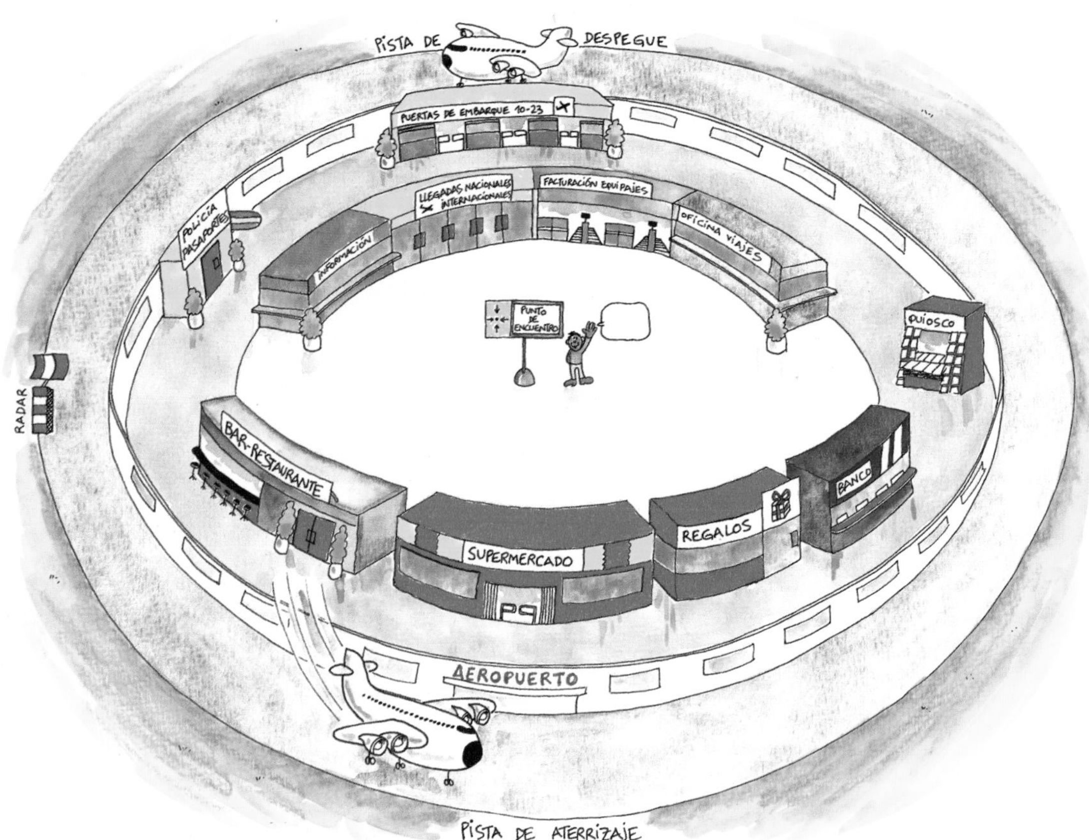

5. Pregunta a tu compañero/a según el modelo, con las palabras de la lista:

–¿Es éste/ésta, ése/ésa, aquél/aquélla el punto de encuentro?

–Sí, es éste/a, etc.
No, no es éste/a, es aquél/aquélla.

1. ¿el bar?
2. ¿el quiosco?
3. ¿la oficina de viajes?
4. ¿el supermercado?
5. ¿la puerta de embarque?
6. ¿el avión?

6. En parejas: Haced frases con una palabra de cada columna. ¿Qué pareja hace más frases en 5 minutos?

Ejemplo: *–Mi amigo está allí.*
–¿Está Carmen ahí?

mi/tu	amigo/a	estar	ahí
el/la	amigos	llegar	aquí
un/una	señor	venir	allí
los/las	señoras	ir	
este/a	estudiantes		
estos/as	jóvenes		
Carmen	chico		

7. Anota el contrario de:

1. cerca de ....
2. delante de ....
3. sobre ....
4. allí ....
5. ir a ....
6. a la derecha ....

3 Toma la palabra

1. En parejas:
Explica a tu compañero/a lo que dice el policía en cada una de las ilustraciones:

Se dice así

Imperativo

Tú	Usted
gira	*gire*
sigue	*siga*
vete	*vaya*
coge	*coja*
toma	*tome*
cruza	*cruce*

2. Practica con tu compañero/a:

1. *¿Giro a la izquierda?* –*Gira/Gire a la izquierda.*
2. ¿Cojo la calle Mayor? –...............
3. ¿Sigo de frente? –...............
4. ¿Voy por la calle del centro? –...............
5. ¿Subo por la Castellana? –...............
6. ¿Tomo el metro en Banco? –...............
7. ¿Cruzo por la calle Mayor? –...............

3. En parejas:
Leed, seguid las instrucciones en el plano y anotad qué lugares de los que aparecen en el recuadro no están en el plano:

comisaría, estación de ferrocarril, cine, Ayuntamiento, Correos, hospital, escuela, cabina de teléfonos, parada de autobús, mercado

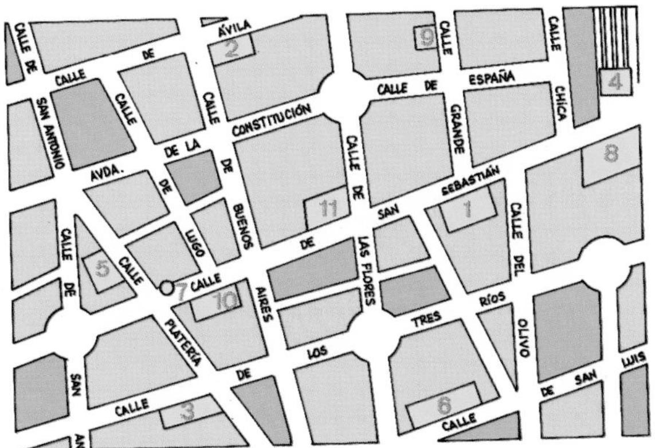

Estás en la esquina de la calle San Antonio con la avenida de la Constitución. Sigue por la calle Platería. A la derecha hay una oficina de correos. Sigue de frente y luego gira en la primera calle a la izquierda: allí tienes una parada de autobús y enfrente, el mercado. Llegas a la calle de las Flores y en la esquina hay un banco. Más adelante está la escuela "Francisco de Quevedo". Al fondo de la calle está la estación de ferrocarril. Al lado, a la derecha, hay una comisaría.

4. **Completa con las formas adecuadas del verbo:**

1. Cerca del colegio (haber) .... un quiosco.
2. El tráfico en Madrid .... (ser) muy intenso
3. ...... (seguir, usted) por esta calle hasta la plaza.
4. ...... (tomar, tú) la segunda calle a la derecha.
5. ...... (coger, tú) el metro en la plaza del Ayuntamiento.
6. ¿Sabe dónde ..... (estar) la comisaría de policía?
7. ¿Cómo .... (poder, yo) llegar a la estación?
8. Perdone, ¿dónde .... (haber) una cabina de teléfonos?

5. **En grupo:**
Laura llama a Danielle por teléfono para encontrarse en el Museo del Prado. Escuchad y completad el diálogo:

Laura: Danielle, ... frente al Museo del Prado y te espero en la entrada principal. ¿Me escuchas?
Danielle: Sí, te escucho.
Laura: ¿Y me .... bien?
Danielle: Sí, te entiendo bien.
Laura: Estupendo. Entonces ...... el plano de Madrid y anota: coge el .... en Arturo Soria. ¿De acuerdo?
Danielle: Sí, ... acuerdo.
Laura: Bajas en Goya. Allí .... la línea 2, dirección Cuatro Caminos. ¿Me sigues?
Danielle: Sí.
Laura: Y bajas en Banco de España, la tercera estación. Sales del metro y ...... al Paseo del Prado. .... está el Museo del Prado. Pregunta, ¿vale?
Danielle: Vale. De acuerdo. Nos ...... en el Museo del Prado.
Laura: Hasta luego.
Danielle: Hasta luego.

6. **Escucha de nuevo y subraya todas las palabras en las que oigas el sonido** ***/x/*****:**

Ejemplo: *bajas.*

7. **Escucha y aprende:**

a) El sonido /x/ se produce en español:
-cuando aparece la letra *j* : *bajar, joven.*
-cuando aparece la letra *g* seguida de *e* o *i* : *coger, girar.*

b) Escucha y repite:

girar joven bajar viaje Japón aterrizaje

Ellos no trabajan en Nigeria.
Los niños juegan en el jardín.
Los jóvenes viven lejos de aquí.

4 ¿Eres capaz?

Tarea:

a. ¿Tienes un plano de tu ciudad? Señala dónde vives.

b. Anota luego la ruta más corta o mejor para ir desde el lugar en que vives hasta algún lugar importante del centro o de los alrededores.

c. Escribe las instrucciones adecuadas para un amigo/a que desea visitar ese lugar.

¿QUIERES SABER MÁS?

Lugares, edificios y transportes públicos:

plaza	Ayuntamiento
catedral	iglesia
comisaría de policía	banco
oficina de Correos	universidad
parque	jardines (del Príncipe)
estación de ferrocarril	estación de autobuses
aeropuerto	parada de taxis
colegio	escuela
estanco	farmacia
bus, autobús	coche; (*Amer.*) carro
tren	taxi
autoservicio	supermercado
taller	garaje
aparcamiento	

España		Hispanoamérica
En España decimos **Ven aquí**;	→	en Hispanoamérica prefieren **Ven acá**.
En España se habla del **policía**;	→	en Hispanoamérica del **agente**.
Los españoles **toman** o **cogen el autobús**;	→	los hispanoamericanos **toman el bus, la guagua...**
Un **callejón** o **calle sin salida**	→	es la **calle ciega** en Hispanoamérica.
El **barrio** en España	→	es una **colonia** en México.
Lo que en España equivale a **solamente**,	→	en Hispanoamérica se expresa con **no más**.

MADRID, capital de España.
Historia breve:

Año 400: Madrid está habitada por los visigodos.
Año 711: Madrid es ocupada por los árabes.
Año 1083: El rey Alfonso VI conquista Madrid.
Año 1329: Fernando IV reúne las Cortes en Madrid.
Año 1561: Felipe II hace de Madrid la gran capital del imperio español.
Año 1760: Carlos III hace de Madrid una ciudad moderna, con luz, alcantarillado, etc.
Año 1900: En Madrid viven ya 500.000 habitantes.
Año 1990: Madrid tiene ya 3.100.000

TEXTOS Y CANCIONES

Escritores y poetas han dicho sobre Madrid:

"Guadarrama, viejo amigo,
montaña gris y blanca,
la montaña de mis atardeceres madrileños,
¿cuándo te veré bañada de azul?"
Antonio Machado

*"Manzanares, Manzanares,
entre las aguas de España tú eres
de los arroyos, Duque;
de los ríos, Conde".*
Luis de Góngora, S. XVII

"Madrid, princesa de España"
(Alfredo de Musset, S. XIX)

"Iba a Madrid y Madrid me llamaba. Adoro esta ciudad donde pasear es una profesión... Las relaciones sociales son aquí fáciles y simples. Por todos lados te tropiezas con mujeres hermosas, elegantes y atractivas".
Benito Pérez Galdós, 1920

*"De Madrid al cielo. Y allí una ventana
para poder seguir viéndolo".*
Proverbio

Unidad de revisión y autoevaluación

Puntuación:
I. Comprensión oral: 15
II. Comprensión escrita: 15
III. Expresión oral y escrita: 25
IV. Gramática y léxico: 25
Total 80

I. Comprensión oral (15 puntos)

1. Escucha la conversación. ¿Cómo se llama la amiga de María? (3 p.)

a) María. b) José. c) Pascual. d) Teresa.

2. Fíjate en el dibujo, escucha y señala la pregunta adecuada. (3 p.)

a) ¿Dónde vive?
b) ¿Cómo se llama?
c) ¿A qué se dedica?
d) ¿Cómo está?
e) ¿Cuántos años tiene?

3. Escucha y anota V (verdadero) o F (falso). (3 p.)

	V	F
a) El señor Mínguez vive en Toledo.	❑	❑
b) Vive en un piso.	❑	❑
c) Su dirección es calle Norte, 4.	❑	❑
d) El señor Mínguez tiene teléfono.	❑	❑
e) Su número de teléfono es el 78 14 57.	❑	❑

4. Escucha e indica las distintas partes del piso. (3 p.)

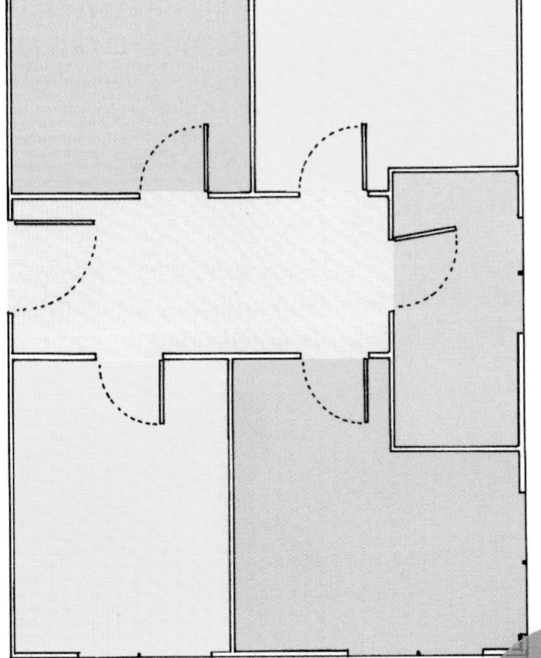

5. Escucha y sigue en el plano las instrucciones. Anota los nombres de los lugares señalados. (3 p.)

a) ....
b) ....
c) ....
d) ....
e) ....

II. Comprensión escrita (15 puntos)

1. Relaciona las frases de cada columna. (3 p.)

a) ¿Cómo te llamas?
b) Te presento a Irene.
c) ¿A qué te dedicas?
d) ¡Hola, Antonia!
e) ¿Cómo estás?

1) ¡Hola, Paco! ¿Cómo estás?
2) Soy mecánico.
3) Bien, gracias.
4) Me llamo Diego.
5) Encantado.

2. Lee el diálogo siguiente y anota V (verdadero) o F (falso). (3 p.)

Loli: ¡Hola, María! ¿Cómo estás?
María: ¡Hola, Loli! Mira, éstos son mis amigos. Éste es José María. Es de Cádiz y vive en Italia.
José María: Mucho gusto, Loli.
María: Ésta es Arlette. Es francesa. Es profesora de español.
Loli: Hola, Arlette.
María: Y éstas son Elisabeth y Ann. Son inglesas y estudian español. Viven en casa conmigo.
Loli: Encantada.

	V	F
a) Loli y María no son amigas.	❑	❑
b) José María es italiano.	❑	❑
c) Arlette no habla español.	❑	❑
d) Elisabeth y Ann hablan inglés.	❑	❑
e) Elisabeth y Ann viven en casa de Loli.	❑	❑

3. Lee el siguiente anuncio y calcula cuánto cuesta el piso. (3 p.)

Residencial El Naranjo
- Excelente calidad.
- Cuatro habitaciones, salón, dos baños, cocina amueblada.
- Con plaza de garaje.

Entrada: 2.000.000 ptas.
Resto: 144 mensualidades de 125.000 ptas.

4. Ordena la siguiente conversación telefónica. (3 p.)

A: *–Estupendo. Espera en la salida internacional. Voy a buscarte.*
B: *–Hasta luego, papá.*
A: *–Vale, hasta luego.*
B: *–Papá, soy Alberto. Estoy en el aeropuerto.*
B: *–De acuerdo. Te espero en la salida.*
A: *–Hola, Alberto. ¿Ya estás en Madrid? Me alegro mucho. ¿Qué tal el viaje?*
B: *–Muy bien. Sin problemas.*
A: *–Dígame.*

5. Ordena cada texto con su dibujo correspondiente. (3 p.)

a) Éste es Francisco. Es mecánico. Trabaja en un taller.

c) Éstos son Elvira y Ramiro. Son amigos y estudian en la universidad.

b) Éste es Miguel. Trabaja en una oficina.

III. Expresión oral y escrita (25 puntos)

1. Escucha a Maite y salúdala. (5 p.)

a) ¿..?
b) ....

2. Escucha y responde a las preguntas. (5 p.)

a) ....
b) ....
c) ....

3. Observa el siguiente dibujo y responde a las preguntas. (5 p.)

a) ¿Cuántas sillas hay aquí?
....
b) ¿Está el sofá a la derecha?
....
c) ¿Hay una alfombra?
....
d) ¿Es antiguo el armario?
....
e) ¿Hay algo encima de la mesa?
....

4. Describe tu casa/piso y su entorno. (5 p.)

a) Situación: ....
b) Dormitorios: ....
c) Baños: ....
d) Colegios/parques: ....
e) Otras comodidades: ....

5. Observa el mapa. Estás en Correos. Una señora te pregunta por la calle Mayor. Indícale el camino. (5 p.)

CALLE MAYOR
CALLE DEL NORTE
AYUNTAMIENTO
CORREOS
ENTREJARDÍN
TRAVESÍA
USTED ESTÁ AQUÍ
PLAZA DE CERVANTES
AVENIDA NORTE

a) ....
b) ....
c) ....
d) ....
e) ....

IV. Gramática y léxico (25 puntos)

1. Transforma las frases siguientes cambiando los masculinos en femeninos. (5 p.)

a) Él es profesor. ....
b) Estoy encantado. ....
c) Este señor es el director. ....
d) Mi hermano está enfermo. ....
e) Su vecino es alemán. ....

2. Completa con el artículo definido adecuado. (5 p.)

a) .... habitación
b) .... ropa
c) .... banco
d) .... museo
e) .... mapa
f) .... piso
g) .... casa
h) .... armario
i) .... restaurante
j) .... academia

3. Completa con el verbo en la forma adecuada. (5 p.)

a) Carlos (*vivir*) .... en Australia.
b) Ellos (*vender*) .... ropa.
c) Klaus (*entender*) .... japonés.
d) (Yo) (*limpiar*) .... mi habitación.
e) Mis amigos (*hablar*) .... mucho.

4. Observa los dibujos y completa con la palabra correcta. (5 p.)

a) El televisor está ***cerca de*** la mesa.
b) Los libros están .... (el) sofá.
c) Juan está a la .... del coche.
d) La lámpara está .... la mesa.
e) La mesa está en el .... del comedor.

5. Escribe cinco palabras de... (5 p.)

a) Nombres hispanoamericanos de personas: ....
....
b) Países hispanoamericanos: ....
....
c) Objetos de la casa: ....
....
d) Lugares/Edificios públicos: ....
....
e) Profesiones: ....
....

Me gusta hacer deporte

ÁREA TEMÁTICA: Gustos de los jóvenes.

APRENDERÁS A:

Preguntar por preferencias o gustos y responder: –*¿Te gusta leer?*
–*Me gusta / encanta leer.*

Invitar: aceptar, rechazar: –*¿Quieres venir al cine?*
–*¿Podrías venir al cine...?*

–*Sí, estupendo, de acuerdo.*
–*No, gracias. No puedo.*
–*Me gustaría, pero (hoy tengo clase).*

GRAMÁTICA: Usos de pronombres: ***Me*** *gusta (mucho)*, etc.
A mí ***me****..., A ti* ***te****..., A él/ella* ***le****..., A nosotros/as* ***nos****..., A vosotros/as* ***os****..., A ellos/ellas* ***les****....*
Estructuras para pedir algo **(condicional):** –*¿Podría...? –Sí/No, gracias.*
Verbos irregulares: **o, u > ue** (*jugar, poder*).
e > ie (*sentir, querer*).
Hacer.

LÉXICO: Deportes, gustos de los jóvenes.

ORTOGRAFÍA Y PRONUNCIACIÓN: Sonidos **/θ / /s/.** Grafías: **ce, ci, z.**

PÁGINA CULTURAL: Cultura: gustos.
Canción: *Eres tú.*

1 De entrada

1. Escucha y repite:

Se dice así

Me	**gusta**	**leer.**
Te	**gusta**	**la música.**
Le	**gusta**	**esta película.**
Nos	**gusta**	**pasear.**
Os	**gusta**	**ir en bici.**
Les	**gusta**	**salir con las amigas.**

2. Escucha el siguiente diálogo.

Maite: ¿Qué haces el sábado por la tarde?
Concha: No sé. Todavía no lo sé.
Maite: Mi amigo Enrique organiza una fiesta. Es su cumpleaños. ¿Quieres venir?
Concha: No estoy invitada...
Maite: No importa. Vienes conmigo, eres mi amiga. Además...
Concha: Además, ¿qué?
Maite: Tengo un amigo para ti.
Concha: ¿Quién es? ¿Cómo se llama?
Maite: Es un secreto.
Concha: Por favor, Maite. ¿Cómo es? ¿Es alto, guapo, con ojos azules? Me gustan así.
Maite: No. Es pequeño, feo y tiene ojos verdes.
Concha: ¿De veras? ¿Te gusta a ti?
Maite: No lo sé.

3. Lee el diálogo anterior y anota: ¿V (verdadero) o F (falso)?

	V	F
1. Maite va a una fiesta de cumpleaños.	❑	❑
2. Maite organiza una fiesta el sábado por la tarde.	❑	❑
3. Concha está invitada a la fiesta.	❑	❑
4. El sábado es el cumpleaños de Enrique.	❑	❑
5. Concha tiene un amigo para Maite.	❑	❑
6. A Maite le gustan los chicos con ojos verdes.	❑	❑
7. A Concha le gustan los chicos guapos.	❑	❑

4. En grupos:
¿Cómo se dice en vuestro idioma? Traducid y comparad:

Me gusta/Te gusta pasear.
Le encantan las fiestas.
Tengo un amigo para ti.
¿Cómo es tu amigo?
Es alto, guapo y de ojos azules.
¿Quieres venir?
¿Qué haces el sábado por la tarde?

5. Estas frases aparecen en los ejercicios 1. y 2.: búscalas y complétalas:

1. .... gusta mucho.
2. Me .... leer.
3. ¿..... gusta esta película?
4. .... un amigo para ti.
5. ¿............ se llama?
6. ¿Te gusta a ......?
7. .... gusta ir en bici.
8. No .... invitada.

6. ¿Cuántas palabras eres capaz de aprender? Relaciona los deportes y aficiones con el dibujo respectivo:

música, tenis, esquí, motocross, fútbol, baloncesto, balonmano, bailar, estar con los amigos/as, viajar, ir al cine, pasear, hacer deporte.

FIN

Se dice así

–¿Te gusta ......(ir al cine)?
–Me ....

+	*6*	*me encanta*
	5	*me gusta mucho*
	4	*me gusta*
	3	*me gusta poco*
	2	*no me gusta*
	1	*no me gusta nada*
-	*0*	*lo odio*

2 De refuerzo

1. Haz una encuesta sobre los gustos de la clase:

–¿Te gusta (la música)....?
–(Me gusta mucho) ....

Gustos	me encanta	me gusta mucho	me gusta	me gusta poco	no me gusta	no me gusta nada	lo odio
música							
esquí							
tenis							
baloncesto							
balonmano							
motocross							
bailar							
estar con amigos/as							
viajar							
ir al cine (FIN)							
pasear							
hacer deporte							
otros gustos ?							

2. **Ahora escribid los resultados de la encuesta de cada pareja y comparadlos con vuestros gustos individuales, así:**

–A (Luis) le gusta (mucho) la música. A mí me gusta (mucho) / no me gusta ....
–A (Helen) no le gusta nada el esquí. A mí ....
–Peter odia pasear. A mí me gusta / no me gusta ....

3. **a) Lee *tus gustos* a tus compañeros/as de clase.**

b) La clase redacta la *lista de gustos más comunes* en el grupo.

4. **Transforma según los modelos:**

a)

1. *–¿Te gusta la música rock?*	*–Sí, me gusta la música rock.*
2. ¿Te gusta hacer deporte?	....
3. ¿Te gusta ir en bici?	....
4. ¿Te gusta viajar?	....
5. ¿Te gusta el balonmano?	....
6. ¿Te gusta el fútbol?	....
7. ¿Te gusta leer?	....
8. ¿Te gusta ir al cine?	....
9. ¿Te gusta estar con los amigos/as?	....

b)

1. *–¿Te gusta vivir en una ciudad?*	*–No, no me gusta nada vivir en una ciudad.*
2. ¿Os gusta bailar en una discoteca?	....
3. ¿Te gusta ir a esquiar?	....
4. ¿Te gusta ver películas?	....
5. ¿Os gusta la música clásica?	....
6. ¿Os gusta pasear?	....
7. ¿Te gusta viajar en avión?	....
8. ¿Te gusta estudiar español?	....
9. ¿Os gusta leer novelas?	....

Gramática

A *mí me* gusta(n)...
A *ti te* gusta...
A *él/ella le* gusta...
A *nosotros/as nos* gusta...
A *vosotros/as os* gusta...
A *ellos/ellas les* gusta...

APRENDE A APRENDER:

Observa la relación entre las diferentes formas de cada pronombre personal: ***yo-mí-me; tú-ti-te; él/ella-le; nosotros/as-nos; vosotros/as-os; ellos/ellas-les.***

5. Completa adecuadamente:

1. A mí ..... gusta pasear.
2. A Maite ..... gusta ir al cine.
3. A Sergio ..... gusta el esquí.
4. A mis amigos ..... gusta el fútbol.
5. A ellas ..... gusta la música rock.
6. A nosotras ..... gusta hacer deporte.
7. A ella ..... gusta ir en bici.
8. A vosotras ..... gusta el baloncesto.
9. A ti ..... gusta viajar.

6. Responde usando verbos del recuadro:

ver una película	*estar con las amigas*	*escuchar música*
leer un libro	*preguntar a mi compañero/a*	*escuchar al profesor*

–¿Qué haces? *–.............. (Leo un libro).*
–¿Te gusta ..... (leer)? *–Sí/No, (no) me gusta ..... .*

3 Toma la palabra

1. ¿Tienes tú también los mismos gustos? Responde:

2. En parejas:

a) **Repetid los diálogos anteriores.**

b) **Hablad según el modelo, usando palabras del recuadro:**

–¿Te gustan los zumos de fruta?
–A mí me encantan los zumos de fruta. ¿Y a ti?

la casa	*vivir en el campo*
leer	*la música rock*
viajar	*estar con los amigos/as*
ir en avión	*jugar al baloncesto*
pasear	*hacer deporte*
la ciudad	*el esquí*

Gramática

Poder	Jugar	Sentir	Querer	Hacer
puedo	*juego*	*siento*	*quiero*	*hago*
puedes	*juegas*	*sientes*	*quieres*	*haces*
puede	*juega*	*siente*	*quiere*	*hace*
podemos	*jugamos*	*sentimos*	*queremos*	*hacemos*
podéis	*jugáis*	*sentís*	*queréis*	*hacéis*
pueden	*juegan*	*sienten*	*quieren*	*hacen*

Se dice así

–*¿Quieres venir conmigo al cine?*
–*¿Podrías venir conmigo al cine?*

No: –*Me gustaría, pero no puedo.*
–*No, gracias. No puedo / Tengo trabajo.*

Sí: –*Estupendo. De acuerdo.*

3. Escucha y anota las frases para *invitar* o *aceptar*:

(Al teléfono)

Luis: ¿Diga?
Concha: ¡Hola, Luis! Soy Concha. ¿Te acuerdas de mí?
Luis: ¡Hola, Concha! ¿Cómo estás?
Concha: El lunes por la mañana juego con mi equipo en el colegio, al balonmano. ¿Podrías venir?
Luis: Me gustaría, pero no puedo. Por la mañana tengo clases.

(Al teléfono)

Concha: ¿Diga?
Luis: ¡Hola, soy Luis!
Concha: ¡Hola, Luis! ¿Cómo estás?
Luis: Muy bien. Hoy tengo la tarde libre. ¿Quieres venir conmigo al cine?
Concha: Estupendo. Yo también tengo la tarde libre.
Luis: ¿Nos vemos a las cinco? En el cine Rex.
Concha: De acuerdo. Hasta pronto.

4. En parejas:
Acepta o rechaza la invitación, según el modelo:

a) *–¿Podrías / Quieres ......* *pasear?*
venir conmigo?
ir al cine?
hacer deporte?
jugar al tenis?

b) *–Sí, ...*
–No, gracias, no ....
–Me gustaría, pero ....

5. a) Escucha.

b) Escucha y lee: subraya las palabras con sonido /θ/.

- Baloncesto, cine, hacer, bici, zumo, cinco.
- Me gusta el baloncesto.
- Le gusta ir al cine.
- Me encanta hacer deporte.
- Nos gusta ir en bici.
- A Maite le gusta el zumo de naranja
- Nos vemos a las cinco.

c) Escuchad y repetid.

APRENDE A APRENDER:

En algunos casos el sonido /θ/ se escribe con *z*, en otros con *c*: ¿puedes hacer una regla de uso?

Ahora escucha este texto de nuevo. ¿Qué diferencias encuentras?

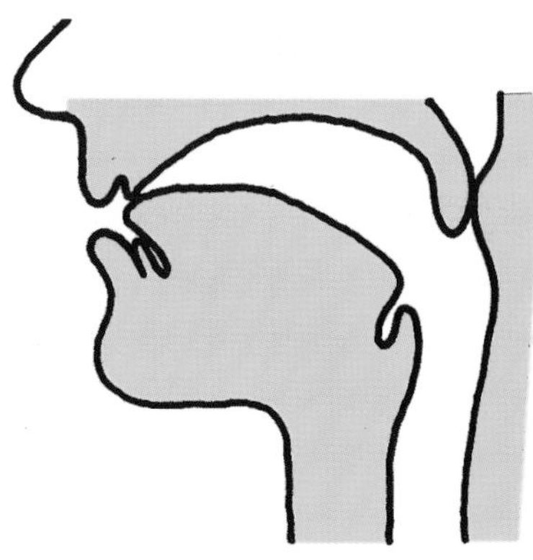

4 ¿Eres capaz?

Tarea:

a. Haz tú mismo una encuesta sobre gustos.

b. Pregunta a cinco amigos/as, familiares, etc.

c. Resume, en una ficha, lo que les gusta o no a tus amigos/as, familiares, etc.

d. Entrega la ficha escrita al profesor para que la corrija.

¿QUIERES SABER MÁS?

Gustos habituales:

música rock
hacer deporte
baloncesto
ir en moto
salir con los amigos/as
nadar
bailar
ir a la discoteca
ir de compras
correr
cantantes jóvenes
jugar al tenis
ir en bici
jugar con el ordenador
el cine
ver la televisión
tocar la guitarra
ir a una fiesta
leer novelas
los videojuegos

España	**Hispanoamérica**
*En España se toma **zumo** de frutas;*	*en México se toma **jugo** de frutas.*
*El **pastel** español es*	*una **torta** en Argentina.*
*En España y la mayor parte de Hispanoamérica decimos **gustar**;*	*pero en Colombia prefieren la palabra **provocar**.*
*Al levantar el teléfono, en España se dice **¿Diga?** o **¿Dígame?***	*En México dicen **¿Bueno?***
*El **teléfono***	*es el **fono** en Chile.*

Sobre gustos no hay nada escrito

En español es muy conocido el refrán que dice: *Sobre gustos no hay nada escrito*. Esto significa que los gustos son diferentes, según las culturas.

A los españoles les gusta mucho el fútbol, salir a comer fuera, especialmente los domingos y días de fiesta, salir a tomar copas por la noche, ir frecuentemente al bar con los amigos o amigas a tomar algo (una cerveza, un vino fino, etc.). En general, es más frecuente salir con los amigos que invitar a los amigos a comer o cenar en casa.

En Colombia es habitual celebrar los *viernes culturales:* los viernes la gente acostumbra a salir por la tarde / noche a divertirse. Se frecuentan las terrazas, amenizadas por grupos musicales, y se consume aguardiente, bebida que se acompaña con trocitos de fruta natural (coco, guayaba y tomate de árbol).

Las tortas de pan se encuentran en varios países de habla hispana. En Colombia las tortas, llamadas *arepas*, se hacen con harina de maíz blanco o amarillo. En México lo normal son las *tortillas*, panes en forma de disco y tan grandes como un plato; están hechas con harina de maíz. Las tortillas son la base de la alimentación de todo mexicano.

Como una promesa eres tú, eres tú.
Como una mañana de verano.
Como una sonrisa, eres tú, eres tú.
Así, así, eres tú.
Toda mi esperanza eres tú, eres tú.
Como lluvia fresca en mis manos.
Como fuerte brisa, eres tú, eres tú.
Así, así eres tú.
Eres tú como el agua de mi fuente
Eres tú, el fuego de mi hogar.
Algo así eres tú,
Mi vida, algo así eres tú.
Como un poema eres tú, eres tú.
Como una guitarra en la noche,
Todo mi horizonte eres tú.

Mocedades

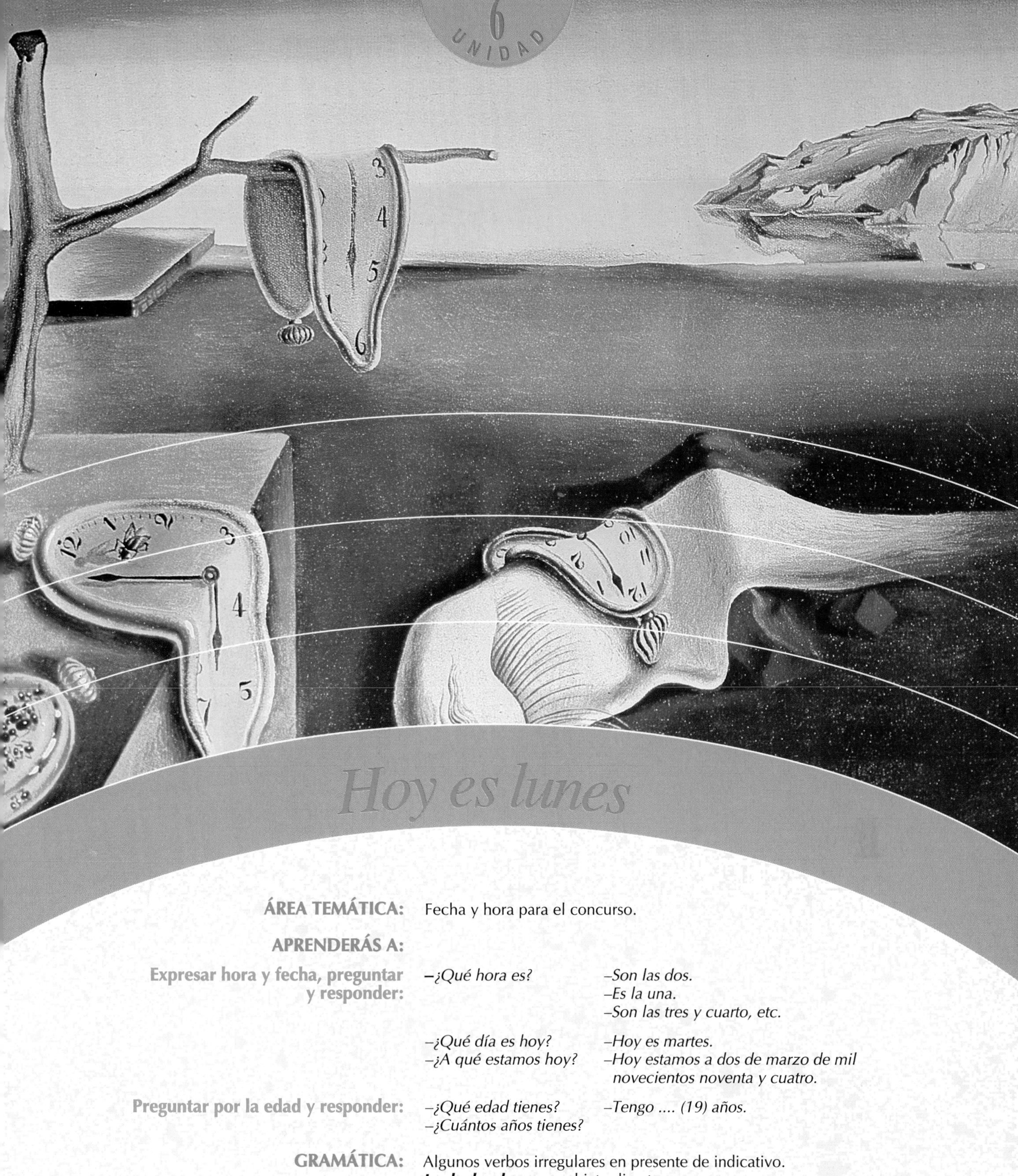

Hoy es lunes

ÁREA TEMÁTICA:	Fecha y hora para el concurso.	
APRENDERÁS A:		
Expresar hora y fecha, preguntar y responder:	*–¿Qué hora es?*	*–Son las dos.* *–Es la una.* *–Son las tres y cuarto, etc.*
	–¿Qué día es hoy? *–¿A qué estamos hoy?*	*–Hoy es martes.* *–Hoy estamos a dos de marzo de mil novecientos noventa y cuatro.*
Preguntar por la edad y responder:	*–¿Qué edad tienes?* *–¿Cuántos años tienes?*	*–Tengo .... (19) años.*
GRAMÁTICA:	Algunos verbos irregulares en presente de indicativo. ***Lo, la, los, las*** como objeto directo. Estructuras para preguntar por la hora, la edad, la fecha, el día y responder.	
LÉXICO:	Números (cardinales, ordinales). Días, meses, horas, edad.	
ORTOGRAFÍA Y PRONUNCIACIÓN:	Entonación de la frase.	
PÁGINA CULTURAL:	Textos de García Márquez y Miguel A. Asturias. Poesía de Federico García Lorca	

1 De entrada

1. Escucha y señala a qué cupón se refiere cada texto leído.

APE, *Centro de Enseñanza a Distancia.*
Apartado de correos 45 - 08032 Barcelona.

Nombre ....
....
Dirección ....
....
Población ....
C.P. ....

TV-Plus.
Concurso Cima.
Avenida de la Comunicación s/n.
Edificio TV- Plus.
28034 Madrid.

Nombre:
Apellidos:
Calle:
Población: DP:
Provincia:

Círculo el Viajero
Avenida Principal de las Mercedes.
Caracas.

Nombre:
Dirección:
Población:
C.P.:

2. Escucha esta conversación y anota:

(Al teléfono)

Antonio: Dígame.
Maite: Buenos días. ¿Es usted Antonio Casado?
Antonio: Sí, sí, soy yo. ¿Quién llama?
Maite: Soy Maite, la secretaria del concurso CIMA, de TV-Plus...
Antonio: ¿Sí? ¿De veras? ¡Qué suerte!
Maite: Sí, tiene usted suerte. ¡Enhorabuena! Tengo su cupón de chocolates *El Dulzón* en la mano. ¿Desea usted participar en el concurso CIMA?
Antonio: ¡Pues claro!
Maite: Muy bien, muy bien. Bueno, necesito algunos datos sobre usted. Por ejemplo, la edad. A ver, ... ¿Qué edad tiene usted? ¿Cuántos años tiene?
Antonio: Eso es fácil. Tengo 19 años.
Maite: Bien. Es usted muy joven. Su dirección la tengo aquí. Estupendo. Su cita es para el día 30 de marzo, miércoles. El concurso es a las 8 de la tarde. Le esperamos por la mañana, a las 10. ¿Es posible?
Antonio: ¡Sí, claro!
Maite: El billete y el hotel lo pagamos nosotros. ¿Cómo desea viajar usted, en tren o en avión?
Antonio: Mm ... En tren, prefiero el tren.
Maite: De acuerdo. Un billete de tren para el día 30 de marzo, de Murcia a Madrid. La vuelta para el día 1 de abril. ¡Enhorabuena, don Antonio, y hasta pronto!
Antonio: Gracias a ustedes. ¡Hasta pronto!

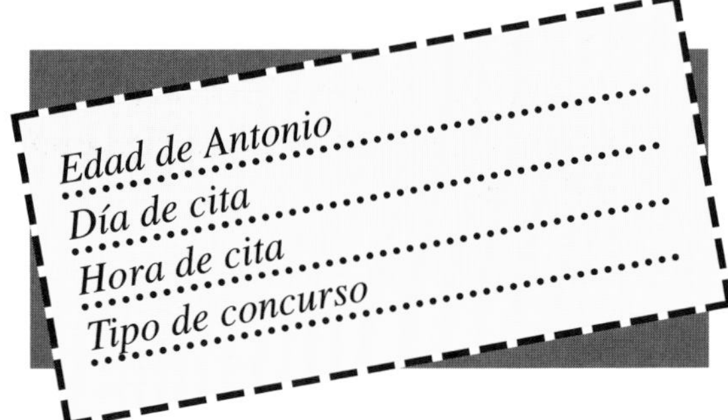

Edad de Antonio ....
Día de cita ....
Hora de cita ....
Tipo de concurso ....

3. **En parejas:**
Leed de nuevo el diálogo y explicad o definid las siguientes palabras y expresiones. Luego traducidlas a vuestro idioma.

El concurso ....
¿De veras? ....
¡Hasta pronto! ....
¡Sí, claro! ....
La vuelta ....
Estupendo ....
La cita ....

4. **Escucha y anota qué le pide el recepcionista a Antonio.**

Antonio: Soy Antonio Casado. Hay una habitación reservada para mí.
Recepcionista: ¿Casado? ¿Es su apellido?
Antonio: Sí. Casado.
Recepcionista: Casado, Casado... Sí. Aquí está. La tiene reservada para dos noches. ¿Su carnet de identidad, por favor?
Antonio: Aquí lo tiene.
Recepcionista: Muy bien. Firme aquí. No, más abajo, aquí... Correcto. Habitación 316. Le deseo una feliz estancia en Madrid.
Antonio: Gracias.

Ésta es su ***habitación****.* ***La*** *tiene reservada para dos noches.*

–¿Su ***carnet de identidad****, por favor?* *–Aquí* ***lo*** *tiene.*

–¿Quieres ***los caramelos****?* *–No, no* ***los*** *quiero.*
–¿Quieres ***las naranjas****?* *–Sí, sí* ***las*** *quiero.*

APRENDE A APRENDER:

En grupos:
Descubre con tu profesor la regla gramatical que explica los ejemplos del recuadro.

5. **Haced frases según el modelo del diálogo:**

–¿Su foto, por favor?
–Aquí la tiene.

su carnet
su juego
su radio
su teléfono
su bici
su novela
sus libros
sus maletas
sus regalos
sus tickets
su pasaporte

2 De refuerzo

Preguntar por la hora - Decir la hora

–¿Qué hora es?

–**Son** las dos / Las cuatro /Las doce.
–**Son** las doce **y cuarto** / Las cuatro **y diez** / Las dos **y media.**
–**Son** las cinco **menos** cuarto.
–**Es** la una / Es la una **menos** veinte.

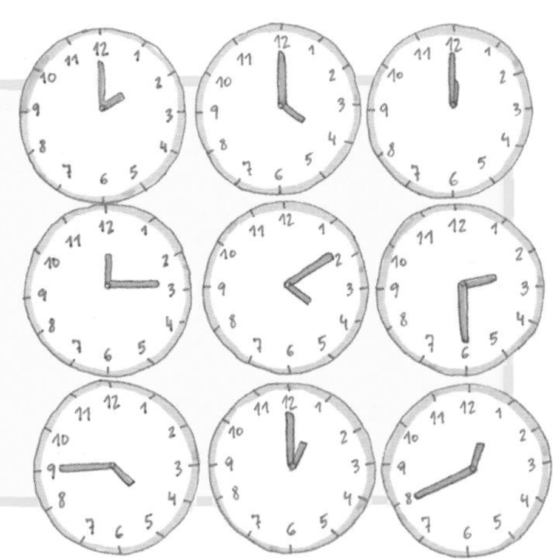

1. Completa:

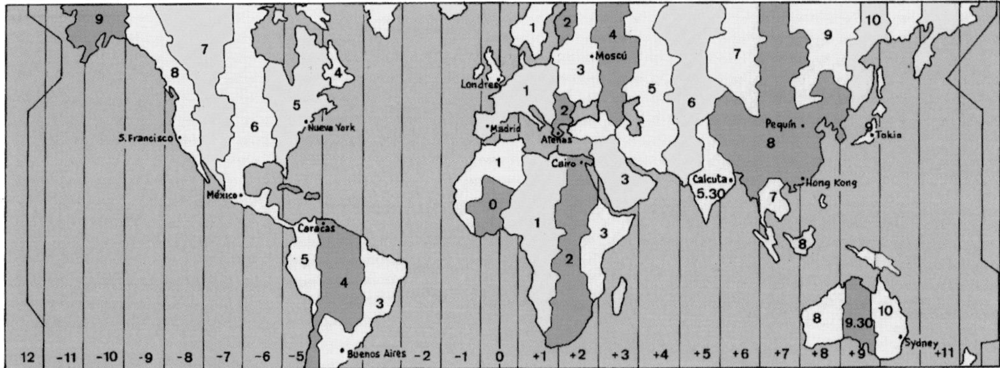

En Madrid son las 12.
En Atenas son ....
En Nueva York son ....
En Caracas son ....
En Londres son ....
En Hong Kong son ....
En Tokyo son ....
En San Francisco son ....

2. ¿Cómo se dice en tu idioma?

a) Es la una. ....
Es la una y veinte. ....
Son las cinco. ....
Son las seis menos diez. ....
Son las once y media. ....
Son las doce. Es mediodía. ....
Son las doce de la noche. Es medianoche ..
....

b) lunes ....
martes ....
miércoles ....
jueves ....
viernes ....
sábado ....
domingo ....

3. Haz frases según el modelo:

1. tren / salir / 17.00. –*El tren sale a las cinco.*
2. autobús / llegar / 14.15. –..
3. mi amigo / levantarse / 7.15. –..
4. Juana / estudiar / 9.30. –..
5. secretaria / llamar por teléfono / 12.35. –..
6. vuelo / llegar / 16.45. –..
7. fiesta / ser / 8.20. –..

Para preguntar por el día y la fecha

–¿Qué día es hoy? *–¿Qué es hoy?*	*–Hoy es lunes (martes, miércoles, jueves, viernes, sábado, domingo).* *–Hoy es 15 (quince) de febrero de 1994.*
–¿A qué estamos hoy?	*–Estamos a 15 (quince) de febrero de 1994.*

4. En parejas:
Haced preguntas y respuestas, según los modelos:

A. pregunta: *–¿Qué día es hoy?*
B. responde: *–Hoy es 30 de marzo.*

A. pregunta: *–¿A qué estamos hoy?*
B. responde: *–Estamos a 10 de abril.*

5. Practica según los modelos:

a) ¿Qué día es hoy?

Martes *–Hoy es martes.*
Lunes – ....
Domingo – ....
Jueves – ....
Sábado – ....
Viernes – ....
Miércoles – ....

b) ¿A qué estamos hoy?

15-2-94. *–Hoy estamos a 15 de febrero del noventa y cuatro.*
10-3-94. – ....
1 de abril del 90. – ....
4 de febrero del 48. – ....
9-12-91. – ....
14-9-93. – ....
22 de junio de mil novecientos noventa y cuatro. – ....
5 de agosto del 89. – ....
15-7-49. – ....
2 de octubre de mil novecientos ochenta. – ....

Se dice así

Para preguntar por la edad

–¿Cuantos años tienes?
–Tengo .... (70 años). Soy viejo.

–¿Qué edad tiene José Luis?
–Tiene .... (16 años). Es joven.

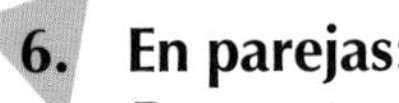

6. En parejas:
Pregunta a tu compañero/a según el modelo:

María / 15 años.
A. –¿Cuántos años tiene María?
B. –María tiene quince años.

1. Ramón: 32	3. Elisa: 22	5. Lupe: 19	7. Mario: 20
2. Juan: 15	4. Maite: 16	6. Sergio: 18	8. Eva: 17

7. Completa con las palabras adecuadas:

1. Hoy .... viernes.
2. Hoy .... lunes y mañana ....
3. El concurso .... por la noche.
4. .... las cuatro de la tarde.
5. El tren llega .... cinco de la tarde.
6. Antonio .... 19 años.
7. ¿........ años tiene Antonio?
8. .... usted muy joven.

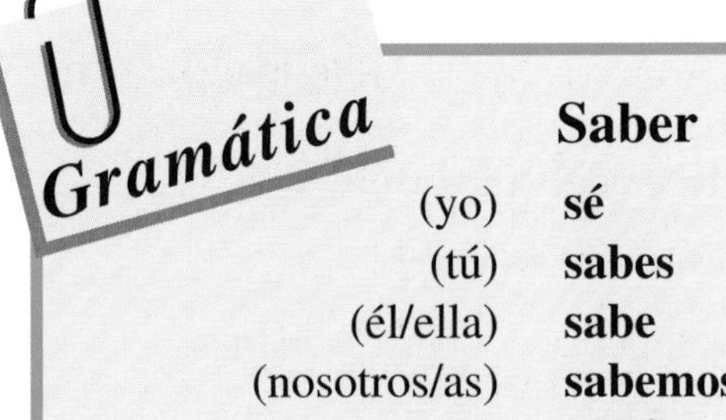

Gramática

Saber

(yo)	**sé**
(tú)	**sabes**
(él/ella)	**sabe**
(nosotros/as)	**sabemos**
(vosotros/as)	**sabéis**
(ellos/as)	**saben**

8. Responde substituyendo la palabra en cursiva por *lo, la, los, las*:

1. ¿Sabes *la hora*? *–No, no la sé.*
2. ¿Tienes *el carnet*? – ....
3. ¿Tenéis *el plano de Madrid*? – ....
4. ¿Tiene usted *su cupón*? – ....
5. ¿Tienes *la dirección de Lupe*? – ....
6. ¿Sabemos *su nombre*? – ....
7. ¿Sabéis *las palabras*? – ....
8. ¿Sabes *la edad de Juan*? – ....

9. Escribe el número cardinal que corresponde a cada número de orden:

2, 5, 4, 1, 10,
8, 7, 9, 6, 3.

primero	segundo	tercero	cuarto	quinto ....
sexto	séptimo	octavo	noveno	décimo ....

3 Toma la palabra

1. En parejas:
¿A qué contexto (A) se refieren las palabras y frases de la lista (B)?

A)

TV.
Saludos.
Edad.

B)

Te presento a Carmen.
Es Teresa.
años.
Es un programa interesante.
divertido/a.
Quiero participar.
Soy joven.
¿Cómo estás?
Tiene 15 años.
viejo.

2. En grupos:
Adivinad, preguntando, qué edad tienen...

1. Julio Iglesias (cantante).
2. Arantxa Sánchez Vicario (tenista).
3. Miguel Induráin (ciclista).
4. J. Luis Guerra (cantante).
5. Plácido Domingo (cantante de ópera).
6. Mario Vargas Llosa (escritor).
7. Miguel Bosé (cantante).

3. En grupos:
Poned en orden y completad el calendario siguiente:

octubre *enero* *noviembre*
abril *junio* *diciembre*
julio *agosto* *febrero*
marzo *mayo* *septiembre*

______	______	______	______
1 2 3 4 5 6 7 8 9 10 11 12 13 14 15 16 17 18 19 20 21 22 23 24 25 26 27 28 29 30 31	1 2 3 4 5 6 7 8 9 10 11 12 13 14 15 16 17 18 19 20 21 22 23 24 25 26 27 28	1 2 3 4 5 6 7 8 9 10 11 12 13 14 15 16 17 18 19 20 21 22 23 24 25 26 27 28 29 30 31	1 2 3 4 5 6 7 8 9 10 11 12 13 14 15 16 17 18 19 20 21 22 23 24 25 26 27 28 29 30
______	______	______	______
1 2 3 4 5 6 7 8 9 10 11 12 13 14 15 16 17 18 19 20 21 22 23 24 25 26 27 28 29 30 31	1 2 3 4 5 6 7 8 9 10 11 12 13 14 15 16 17 18 19 20 21 22 23 24 25 26 27 28 29 30	1 2 3 4 5 6 7 8 9 10 11 12 13 14 15 16 17 18 19 20 21 22 23 24 25 26 27 28 29 30 31	1 2 3 4 5 6 7 8 9 10 11 12 13 14 15 16 17 18 19 20 21 22 23 24 25 26 27 28 29 30 31
______	______	______	______
1 2 3 4 5 6 7 8 9 10 11 12 13 14 15 16 17 18 19 20 21 22 23 24 25 26 27 28 29 30	1 2 3 4 5 6 7 8 9 10 11 12 13 14 15 16 17 18 19 20 21 22 23 24 25 26 27 28 29 30 31	1 2 3 4 5 6 7 8 9 10 11 12 13 14 15 16 17 18 19 20 21 22 23 24 25 26 27 28 29 30	1 2 3 4 5 6 7 8 9 10 11 12 13 14 15 16 17 18 19 20 21 22 23 24 25 26 27 28 29 30 31

4. **En parejas:**
Pregunta a tu compañero/a según el modelo:

A. *–¿A qué hora abre la tienda "Dolores"?*
B. *–La tienda "Dolores" abre a ....*

A. *–¿Y a qué hora cierra?*
B. *–Cierra a ....*

Hora del día	**Saludo**
Por la mañana (hasta las 14.00):	***Buenos días.***
Por la tarde (desde las 14.00 hasta acabar el día):	***Buenas tardes.***
Por la noche (desde que se pone el sol):	***Buenas noches.***

Me levanto a las seis, a las ocho, etc.

5. **En grupos:**
Relacionad cada hora con la parte del día y los saludos que correspondan.

Hora	**Parte del día**	**Saludo**
5.35	por la tarde.	Buenos días.
17.25	por la mañana.	Buenas tardes.
9.34	por la noche.	Buenas noches.
18.30	al mediodía.	
23.45		
12.00		
10.10		
21.50		

6. **Escucha y repite:**

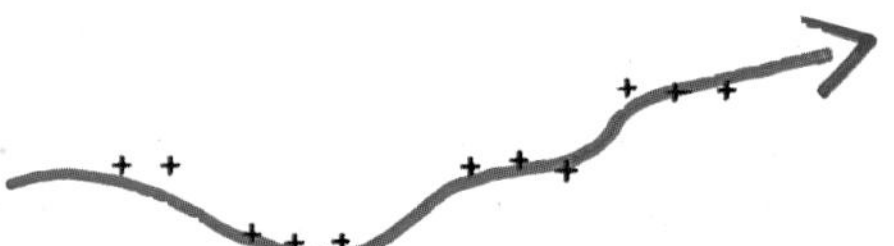

–¿Es usted don Antonio Casado?

–Sí, soy yo.

4 ¿Eres capaz?

Tarea:

a. Consultad la guía de vuestra TV y seleccionad un concurso.

b. Anotad:
- hora.
- fecha (día, mes).
- premios.
- qué hay que saber.
- qué deben hacer los concursantes para participar.

c. Contad a vuestros compañeros/as lo que deben hacer para participar en ese concurso.

¿QUIERES SABER MÁS?

Números ordinales o de orden:

primero (*primer, ante nombre masculino*)	sexto
	séptimo
	octavo
segundo	noveno
tercero	décimo
cuarto	undécimo
quinto	duodécimo

A partir del 13, suele usarse el número cardinal (el trece, el catorce...), excepto en las decenas:

vigésimo (20º) — *trigésimo (30º)*

cuadragésimo (40º) — *quincuagésimo (50º)*

Pero de nuevo,

150 ciento cincuenta	200 doscientos
325 trescientos veinticinco	400 cuatrocientos
500 quinientos	1.000 mil
1.165 mil ciento sesenta y cinco	4.000 cuatro mil
1.000.000 un millón	1.000.000.000.000 un billón

España	Hispanoamérica
*En España se dice **después de (comer...)**;*	*en Hispanoamérica acostumbran decir **luego de (comer...)**.*
*El **luego** español (= en pocos minutos)*	*se sustituye en Hispanoamérica por **pronto**.*
*En España **suena** el teléfono;*	*en Ecuador el teléfono **timbra**.*
*El **padre** y la **madre** en España*	*son el **viejo** y la **vieja** en varios países hispanoamericanos (Argentina, Chile, Uruguay).*
*La expresión **¡Venga! (...que es tarde...)**, frecuente en el habla coloquial de España (para expresar que algo se haga inmediatamente),*	*equivale a **¡Ándale! (... que es tarde...)** en México y Centroamérica.*

José Arcadio Buendía conversó con Prudencio Aguilar hasta el amanecer. Pocas horas después entró al taller de Aureliano y le preguntó: "¿Qué día es hoy?". Aureliano le contestó que era martes. "Eso mismo pensaba yo", dijo José Arcadio Buendía. "Pero de pronto me he dado cuenta de que sigue siendo lunes, como ayer. Mira el cielo, mira las paredes, mira las begonias. También hoy es lunes."

Gabriel García Márquez,
Cien años de soledad.

La primera voz:
–¿Qué día será hoy?
La segunda voz:
–De veras, de veras, pues, ¿qué día será hoy?
La tercera voz:
–Esperen... A mí me capturaron el viernes: viernes..., sábado..., domingo..., lunes..., lunes..., pero ¿cuánto hace que estoy aquí...? De veras, pues, ¿qué día será hoy?

Miguel Ángel Asturias,
El señor Presidente.

TEXTOS Y CANCIONES

Poesía

Llanto por Ignacio Sánchez Mejías

A las cinco de la tarde.
Eran las cinco en punto de la tarde.
Un niño trajo la blanca sábana
a las cinco de la tarde.
Una espuerta de cal ya prevenida
a las cinco de la tarde.
Lo demás era muerte y sólo muerte
a las cinco de la tarde.

Federico García Lorca

Hace buen tiempo

ÁREA TEMÁTICA:	El tiempo atmosférico. Actividades cotidianas.
APRENDERÁS A :	
Hablar del tiempo atmosférico:	*Nieva, llueve, hace sol, etc.*
Expresar posesión y pertenencia:	*Mi amiga, mis patines.* *Es mi amigo, son mis patines.*
Referirse a las partes del día y expresar acciones relativas a la vida cotidiana:	*Me levanto a las siete.* *Se acuesta a las once.*
GRAMÁTICA:	Verbos impersonales: *Hace..., nieva..., llueve...* *Me levanto, te levantas, etc.* (uso de los reflexivos). *Empezar - empieza.* *Por la mañana / tarde. A mediodía / a medianoche.* *Posesivos:* ***Mi, mis; tu, tus; su, sus; nuestro/a, vuestro/a.*** *Ir a, venir de.*
LÉXICO:	Fenómenos relativos al tiempo. Acciones habituales y diarias (vida cotidiana).
ORTOGRAFÍA Y PRONUNCIACIÓN:	Grafía y pronunciación de **ch** y **ll**.
PÁGINA CULTURAL:	Dos Navidades diferentes. Canción: *Balada de otoño.*

1 De entrada

1. Adivina: ¿Qué frase corresponde a cada dibujo?

–¿Qué tiempo hace hoy...?

–Hace buen tiempo.
–Hace mal tiempo.
–Hace frío.
–Hace calor.

2. Escucha y completa con las palabras adecuadas del recuadro:

llueve	*viene*	*mojarnos*	*paraguas*	*llueve*	*hace*	*me gusta*

(Dos amigas se encuentran)

Carmen: ¡Hola, Lola! ¿Estás preparada? Hoy quiero ganar yo.
Lola: Sí, estoy preparada. Vamos.

(En la pista de tenis)

Lola: Carmen, hoy no tenemos suerte. ¡Mira: ....!
Carmen: Es verdad. Pero llueve muy poco. ¿Empezamos?
Lola: De acuerdo. Pero... ¿Lo ves? Ahora .... más y .... bastante aire.
Carmen: No importa. La pista está todavía bien. Podemos seguir.
Lola: ¿No te parece mejor dejar el tenis e ir a patinar? La pista está cubierta y allí no podemos ....
Carmen: Yo no tengo los patines...
Lola: Yo tengo dos pares. Te presto uno.
Carmen: Pero no .... mucho patinar. Y hoy no me apetece mucho...
Lola: Creo que allí .... Julito.
Julito: ¡Hola, amigas! Os traigo un ....
Carmen: ¿Sabes? La lluvia empieza a ser molesta. Julito tiene razón: necesitamos un paraguas.

Llover > Ll*ue*ve

Nevar > N*ie*va

Nieva. **Llueve.**

Hace sol. **Hace buen tiempo.** **Hace mal tiempo.**

Hace calor / frío / sol / aire / fresco.

Está nublado. **Hay nubes.**

3. ¿Cómo se dice en tu idioma? Pregunta al profesor o consulta un diccionario:

¿Qué tiempo hace hoy? ¿Cómo está el tiempo?
Hace bueno / malo / buen tiempo / mal tiempo / calor / frío.
Hace aire.
Hace sol.
Está nublado.
Llueve.
Nieva.
Hay nubes.

     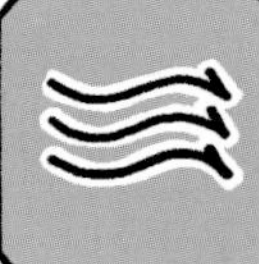

4. Lee y anota a qué mapa se refiere el texto:

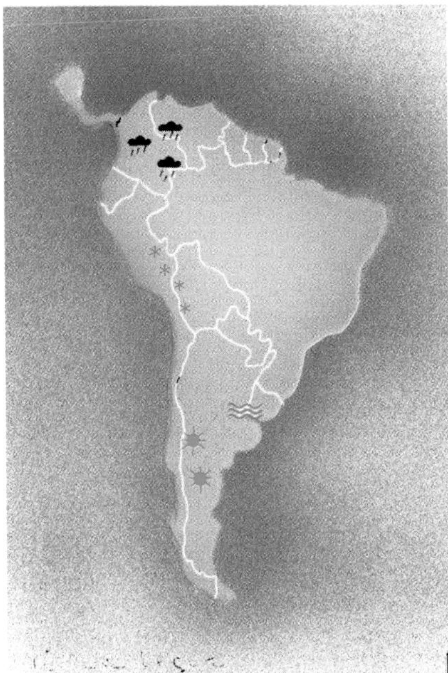

El tiempo en la parte sur de América es variable. En el Norte (Venezuela y Colombia), está muy nublado y hay lluvias fuertes en la montaña. En los Andes nieva y hace frío. En el Sur y en los llanos de la Pampa, el tiempo es bueno: hace sol. Pero en Buenos Aires hace aire y el tiempo no es agradable.

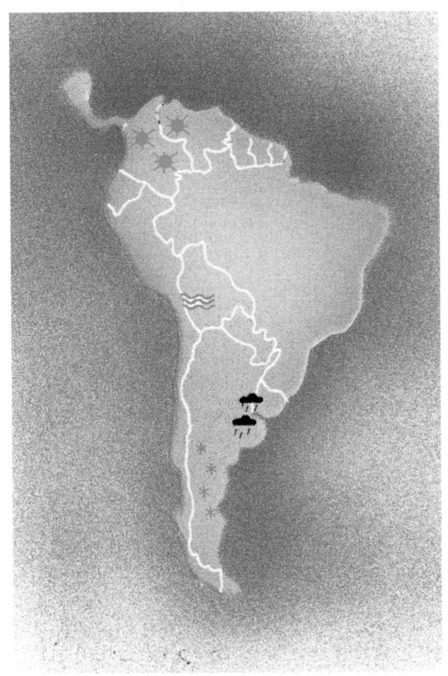

5. Lee de nuevo el texto anterior y anota las diferencias respecto al tiempo en tu propio país o región.

Texto	Mi país o región
En los Andes nieva...	*En mi región/país...* ....
....	....
....	....

2 De refuerzo

1. Responde:

1. ¿Hace calor en verano? –*Sí, hace calor en verano.*
2. ¿Hace frío en otoño? – ....
3. ¿Hace aire en invierno? – ....
4. ¿Hace calor en agosto? – ....
5. ¿Hace mucho sol en enero? – ....
6. ¿Llueve en abril? – ....
7. ¿Está nublado en tu ciudad? – ....
8. ¿Nieva en otoño? – ....
9. ¿Hace fresco en marzo? – ....
10. ¿Llueve mucho en tu país? – ....

2. Haz una frase para cada dibujo:

(*llover*)
En invierno llueve mucho.

(*hacer sol*)
....

(*hacer mucho aire*)
....

(*hacer mucho calor*)
....

(*hacer fresco*)
....

(*nevar*)
....

(*hacer buen tiempo*)
....

(*hacer mucho frío*)
....

3. Completa las formas verbales que faltan:

Infinitivo	Indicativo presente	Pronombre
llover	llueve	—
nevar	....	—
....	hace	(él/ella)
sentir	....	(él/ella)
....	empieza	(él/ella)
haber	....	—
estar	....	(él/ella)
tener	....	(él/ella)
....	prefiere	(él/ella)
poder	....	(él/ella)
jugar	....	(él/ella)

Gramática

(yo)	***Me** levanto.*	***Me** acuesto.*
(tú)	***Te** levantas.*	***Te** acuestas.*
(él/ella)	***Se** levanta.*	***Se** acuesta.*
(nosotros/as)	***Nos** levantamos.*	***Nos** acostamos.*
(vosotros/as)	***Os** levantáis.*	***Os** acostáis.*
(ellos/as)	***Se** levantan.*	***Se** acuestan.*

4. Responde según el modelo:

–¿A qué hora te levantas? (8) *–Me levanto a las ocho.*

1. ¿A qué hora se levanta Lola? (7.30)
2. ¿A qué hora se acuestan tus amigos? (12.00)
3. ¿A qué hora te levantas? (8.15)
4. ¿A qué hora se acuesta Carmen? (11.30)
5. ¿A qué hora os acostáis? (10.30)
6. ¿A qué hora se levantan ellos? (7.15)
7. ¿A qué hora te acuestas? (11.00)
8. ¿A qué hora os levantáis en tu casa? (7.30)

5. Completa con el pronombre reflexivo adecuado:

1. Juan .... levanta a las diez.
2. María y Carmen .... levantan a las siete.
3. En mi país .... levantamos muy pronto.
4. En casa .... acostamos a las 12.00.
5. Ellos .... acuestan a las 11.30.
6. Tú no .... levantas a las 7.30.
7. Mis amigas .... levantan tarde.
8. Yo .... levanto a las 6.30 todos los días.

Gramática

Para señalar la posesión se usan los adjetivos siguientes, delante del nombre (con el cual concuerdan en número y género).

Mi	**Mis**	(yo)
Tu	**Tus**	(tú)
Su	**Sus**	(él/ella)
Nuestro/a	**Nuestros/as**	(nosotros/as)
Vuestro/a	**Vuestros/as**	(vosotros/as)
Su	**Sus**	(ellos/ellas)

6. Completa con el posesivo adecuado:

1. Los patines de Lola son viejos. (*Sus*) patines son viejos.
2. La amiga de Carmen es agradable. ...... amiga es agradable.
3. La casa de Luis es grande. .... casa es grande.
4. El paraguas de Laura es nuevo. .... paraguas es nuevo.
5. Los datos del carnet son correctos. ..... datos son correctos.
6. La ciudad (*de nosotros*) es agradable. ..... ciudad es agradable.
7. La habitación (*donde vivo*) es moderna. ..... habitación es moderna.
8. Los nombres de las amigas son bonitos. ..... nombres son bonitos.
9. Tenéis un hermano muy guapo. .... hermano es muy guapo.
10. Los profesores (*de nosotros*) son simpáticos. .... profesores son simpáticos.

7. En parejas: Preguntad y responded según el modelo:

A. *–¿Cómo es tu habitación?*
B. *–Mi habitación es grande.*

la casa de Lupe
la bicicleta de Ana
nuestra habitación
mi ciudad
mis maletas
los ojos de Laura
los patines de Luis
el país (de nosotros/as)
la lámpara de nuestro comedor

nuevo/a
pequeño/a *nuevas/os*
moderno/a *grande*
grandes *amplio/a*
interesante

3 Toma la palabra

1. **En parejas:**
Aconseja a tu amigo/a qué debe hacer en cada caso:

¿Qué haces si .....?	**Si ......, prefiero ....**
llueve	pasear.
nieva	jugar al baloncesto.
hace frío	quedarse en casa.
hace sol	ir a esquiar.
hace buen tiempo	escuchar música.
llueve mucho	ir a un concierto de música.
llueve poco	leer.
está nublado	ver la televisión.

2. a) **Lee y anota los horarios de Lola y Carmen.**

b) **Escucha y señala si el texto se refiere al horario de Lola o al de Carmen:**

Lola

Sábado:

mañana:
8.30: me levanto.
9.00: desayuno.
10.00: telefoneo a mi amiga Carmen.
10.30: prácticas de patinaje en el gimnasio del colegio.
12.00: vuelvo a casa.
13.00: aperitivo con las amigas y amigos del grupo.
14.00: comida.

tarde:
17.00: voy al cine a ver la película del Óscar.
20.00: media hora de lectura en inglés.
21.00: cena.
21.30: veo el programa-concurso de la tele.
23.00: me acuesto.

Carmen

Sábado:

mañana:
8.30: me despierto.
9.00: me levanto y me lavo.
9.30 desayuno y leo el periódico.
10.30: voy a la biblioteca a estudiar.
13.00: preparamos la fiesta de final de curso con los amigos y amigas del curso.

tarde:
14.00: voy a casa a comer.
15.00: descanso y veo la televisión.
16.00: salgo con mi amiga en bici.
17.30: visito a mi madre en el hospital.
19.00: voy a ver el partido de baloncesto con mi amiga Ana y mi amigo Luis.
20.30: ceno en casa.
21.00: escucho música y repaso un tema de historia.
23.00: me acuesto.

3. **En grupos:**
Escuchad de nuevo el texto. Luego señalad qué cosas no son habituales en vuestro país, región o ciudad.

....

....

....

4. **En parejas:**

a) **Escribid lo que hacéis cada uno durante un día de la semana.**

b) **Comparadlo con el programa de Lola.**

c) **Anotad en qué coincidís y en qué sois diferentes.**

5. En parejas:
Leed estas frases, ordenadlas y reconstruid el diálogo:

1. *Carmen:* Pero son tus patines, ¿no?
2. *Lola:* A mí no me gusta la lluvia.
3. *Lola:* Sí, porque éstos son viejos y un poco pequeños.
4. *Carmen:* Ya lo veo. Pero tampoco te gusta mucho patinar.
5. *Lola:* Sí, patinar sí me gusta, pero estos patines me molestan un poco.
6. *Carmen:* ¿De veras?
7. *Carmen:* Lo siento mucho. Eres una amiga excelente.
8. *Lola:* Bueno, mis patines los tienes tú...

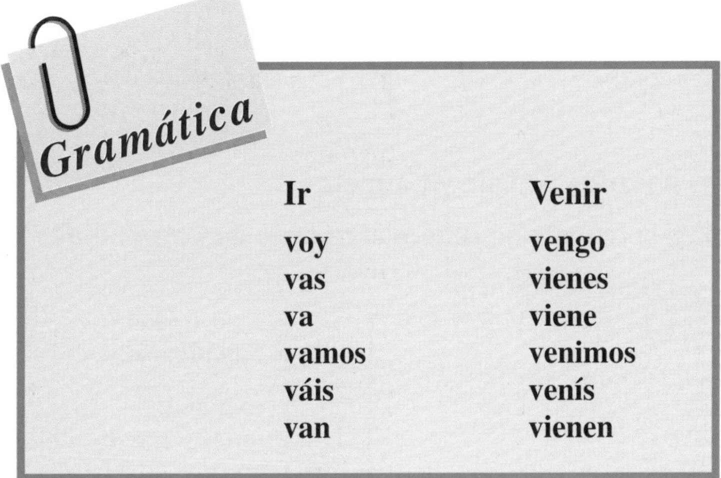

Gramática

Ir	**Venir**
voy	**vengo**
vas	**vienes**
va	**viene**
vamos	**venimos**
váis	**venís**
van	**vienen**

6. En parejas:
a) Escribid frases referidas a los siguientes temas o situaciones, utilizando *ir a* o *venir de*.

1. colegio — *No voy al colegio./¿Vienes del colegio?*
2. biblioteca ....
3. casa de un amigo/a ....
4. hospital ....
5. museo ....
6. ciudad ....

b) Leed a la clase las frases escritas.

APRENDE A APRENDER:

Ir a ⟶ Venir de ⟵

Los verbos *ir* y *venir* suelen ir acompañados de las preposiciones: *a* y *de*, respectivamente. Además, se usa *ir a* para indicar que alguien se mueve alejándose desde un punto en el que se sitúa el que habla y *venir de* para señalar que el movimiento es de acercamiento hacia el lugar en que se encuentra el hablante.

7. a) Subraya en estas frases las letras *ch* y *ll*.

1. En España llueve poco y hace mucho sol.
2. ¿Me llamas a las doce?
3. Allí llegan mis amigas.
4. Este chico es de Chile.
5. El coche está en el llano.

b) Escucha y repite las frases anteriores.

4 ¿Eres capaz?

Tarea:

a. Recorta, de un periódico local, la parte dedicada al tiempo.

b. Traduce el texto al español.

c. Lee tu traducción a la clase.

¿QUIERES SABER MÁS?

El tiempo atmosférico	Acciones cotidianas
frío	acostarse
calor	levantarse
caluroso	bañarse
fresco	ducharse
temperatura	hacer deporte
grados centígrados	escribir
lluvia	peinarse
nieve	estudiar
granizo	afeitarse
llover	ir al colegio/a la escuela/a la universidad
nevar	salir (a pasear, al cine...)
granizar	ir de compras
nube	jugar (al tenis, fútbol...)
niebla	descansar
hielo	
húmedo	
seco	
tempestad	
tormenta	
clima	

España		Hispanoamérica
*Si hace calor en España se toma **una cerveza**;*	→	*en Argentina **un cívico** (vaso grande de cerveza).*
*En España **se fastidia** a la gente;*	→	*en Hispanoamérica **se embroma** a la gente.*
*La **gasolinera** o **estación de servicio** es el lugar donde se compra gasolina;*	→	*en Perú la gasolina se compra en el **grifo**.*
*El **frigorífico** o la **nevera** en España y otros países hispanoamericanos,*	→	*suele llamarse la **heladera** (Argentina, Chile, Paraguay, Uruguay), la **hielera** (Chile) o el **refrigerador** (México).*

La Navidad es uno de los símbolos más conocidos en la cultura occidental cristiana. ¿Y quién no asocia la Navidad a la nieve? En diciembre, en Europa suele nevar. Mucho en el norte; menos, a veces casi nunca, en el sur. La Navidad sin nieve, sin frío, sin la leña en el fuego, no tiene sentido para los europeos.

¿Hay otras Navidades? En Argentina, en Uruguay, en Chile... la Navidad no es nieve: es sol, y calor. ¿El mundo "al revés"? Sí, así es; porque la Tierra es redonda y cuando en el hemisferio norte es invierno, en el hemisferio sur es verano. La navidad chilena, la Navidad argentina o la Navidad uruguaya es la Navidad de las vacaciones "de verano", la Navidad del calor, del traje de baño, del sol y de la playa.

TEXTOS Y CANCIONES

Balada de otoño

Llueve.
Detrás de los cristales, llueve y llueve.
Sobre los chopos medio deshojados,
sobre los pardos tejados,
sobre los campos, llueve.

Pintaron de gris el cielo
y el suelo se fue abrigando con hojas,
se fue vistiendo de otoño.
La tarde que se adormece,
parece un niño que el viento mece
con su balada de otoño.

Una balada en otoño,
un canto triste de melancolía,
que nace al morir el día.
Una balada en otoño,
a veces como un murmullo,
a veces como un lamento
y a veces viento.
llueve...

J. M. Serrat.

UNIDAD 8

Es morena y guapa

ÁREA TEMÁTICA:	Vestido, cuerpo y salud.
APRENDERÁS A:	
Nombrar, describir el cuerpo humano:	*–¿Cómo es Laura?* *–Es morena, con ojos negros, etc.*
Hablar del vestido, tallas, colores, materia de que están hechas las cosas:	*–¿Cómo es/son...? –Es/Son...* *–¿De qué color es/son...? –Es/Son (de color) ...* *Lleva minifalda roja.* *Me gustan las corbatas de seda y los relojes de oro.*
Expresar dolor (relativo al cuerpo):	*–¿Qué te duele?* *–Me duele la cabeza, el estómago...* *–Tengo dolor de cabeza, etc.*
GRAMÁTICA:	Condicional (para formular deseos): *Querría, desearía...* ***Doler**: Me/Le duele. **Conocer**: Conozco, conoces, conoce,* etc. Estructuras para describir el cuerpo humano, hablar del vestido, expresar dolor.
LÉXICO:	Prendas de vestir, partes del cuerpo humano, medidas, tallas. Colores, materias de que están hechas las cosas.
ORTOGRAFÍA Y PRONUNCIACIÓN:	Entonación de las frases exclamativas.
PÁGINA CULTURAL:	Qué comprar y dónde. Poesía de G. Celaya.

1 De entrada

1. Escucha y lee:

Antonio: Estás muy contento y alegre hoy, Pepe.

Pepe: ¿Sí? Quizás...

Antonio: ¿Puedo saber por qué?

Pepe: No tiene importancia. Es algo personal, muy personal.

Antonio: ¿Ya tienes novia...?

Pepe: Bueno, novia, novia exactamente... Sólo una amiga. Me gusta mucho una chica.

Antonio: ¿Quién es? ¿La conozco yo?

Pepe: No, creo que no la conoces. Se llama Laura. Es italiana.

Antonio: ¡Caramba! ¡Italiana! ¿Es guapa?

Pepe: ¡Muy guapa! Es morena, de pelo largo, con ojos negros, de cara morena, de boca grande y nariz pequeña, alta, delgada, un cuerpo bonito...

Antonio: ¡Vale, vale! Ya entiendo. Y lleva minifalda marrón, jersey rojo y chaqueta vaquera...

Pepe: Exactamente. Pero ¿cómo lo sabes?

Antonio: Además, es muy simpática y va a la universidad a estudiar español.

Pepe: Sí, sí...

Antonio: Pues también es mi amiga. A mí me gusta el italiano y a ella el español: nos vemos una vez a la semana para hablar, en italiano y en español.

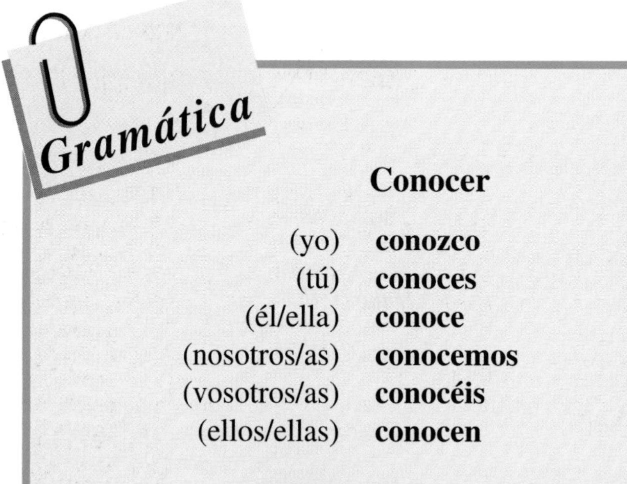

Gramática

Conocer

(yo)	**conozco**
(tú)	**conoces**
(él/ella)	**conoce**
(nosotros/as)	**conocemos**
(vosotros/as)	**conocéis**
(ellos/ellas)	**conocen**

2. **Escucha de nuevo el diálogo anterior y escribe el nombre de las partes del cuerpo mencionadas y señaladas:**

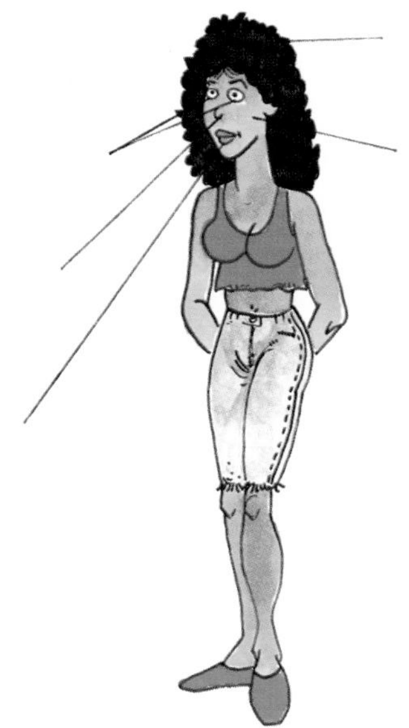

3. **En grupo:**
Vestid a estos maniquíes, de acuerdo con vuestros gustos.

chaqueta
camisa
vestido
zapatos
medias
calcetines
corbata
pantalones
camisa
jersey
traje

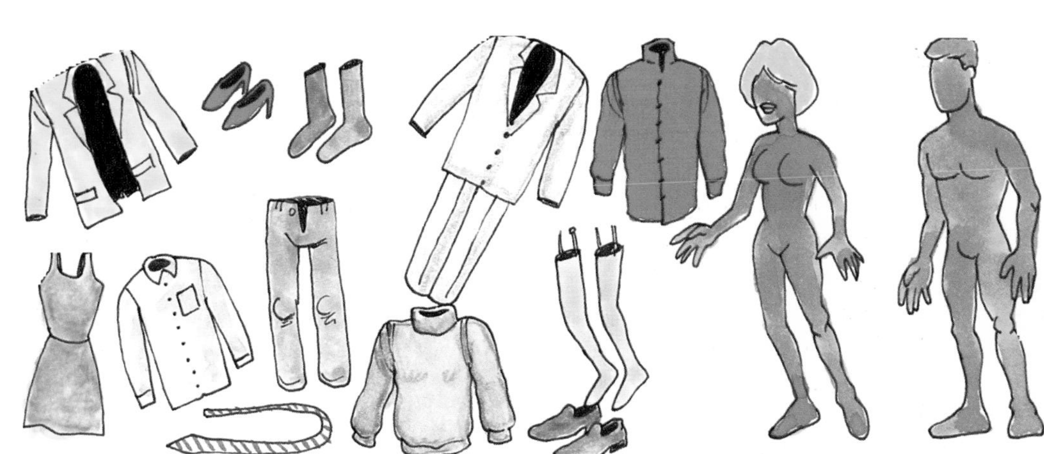

4. **Tu color preferido.**

a) Observa:

blanco
amarillo
verde
rojo
azul (claro)
azul (obscuro)
negro
marrón
gris
rosa
beige

b) ¿De qué color te gusta...? Haz frases con palabras de cada columna.

Ejemplo: *Las faldas me gustan rojas.*

faldas	azul
calcetines	blanco
chaqueta	marrón
blusa	verde
jersey	rosa
camisa	negro
pantalones	gris
zapatos	rojo
corbatas	amarillo

*Me gustan las corbatas **de** seda / lana / fibra artificial / cuero...*

*Los relojes **de** oro / plata ... son muy caros.*

5. **a) Escucha cada uno de los diálogos y anota qué artículos quieren comprar en cada caso:**

1) jersey - falda - pantalón - zapatos

2) corbata - traje - chaqueta - camisa

3) falda - chaqueta - vestido - camisa

b) Escucha y repite los diálogos anteriores.

6. **En parejas:**
Leed el texto y luego completad la información de cada una de las etiquetas.

Artículo: ....
Talla: ....
Color: ....
Composición: ....
Lavado: ....
PVP: ....
(Precio de venta al público)

Artículo: ....
Talla: ....
Color: ....
Composición: ....
Lavado: ....
PVP: ....
(Precio de venta al público)

Artículo: ....
Talla: ....
Color: ....
Composición: ....
Lavado: ....
PVP: ....
(Precio de venta al público)

Lupe desea comprar una falda para su madre. A su madre le gusta el color azul. También prefiere los vestidos de algodón, porque son suaves y frescos en verano. Lupe puede gastar cinco mil pesetas en la falda para su madre.

Luis querría una chaqueta de lana marrón, moderna y barata. No quiere lavarla a mano, claro.

Antonio necesita una camisa nueva. Su traje es de color gris y quiere la camisa de color rosa. Ya tiene corbata. Le gustan las camisas de fibra artificial porque se lavan bien. Puede gastar 4.000 pesetas, no más.

2 De refuerzo

1. En parejas:

a) **Elegid un lugar para ir de vacaciones durante una semana.**

Elegid: estación y mes del año
fecha
número de días
lugar

¿Qué ropa llevaríais? Anotadlo.

b) **A un amigo le han tocado, en un sorteo de TV, las entradas y el viaje para un concierto de rock en Atlanta, Estados Unidos. Preguntad y responded según el modelo:**

–¿Te llevas un traje de verano (chaqueta, abrigo, falda, vestido, etc.)?
–Sí, querría llevar un traje de verano.
–Sí, querría llevarlo.
–No, no me lo llevo. No es necesario.

Gramática

	Llevar	Desear	Querer
(yo)	**llevaría**	**desearía**	**querría**
(tú)	**llevarías**	**desearías**	**querrías**
(él/ella)	**llevaría**	**desearía**	**querría**

APRENDE A APRENDER:

Esta forma verbal (condicional) se usa en español para pedir o solicitar algo cortésmente (por ejemplo, al comprar).

¿Cómo se dice en tu idioma? Compáralo con el español.

2. Haz frases con elementos de cada columna, según el modelo:

–Querría comprar un pantalón marrón de algodón.

Desearía	*comprar*	*falda*	*gris*	*de*	*lana.*
Querría	*ver*	*camisa*	*blanca*		*algodón.*
Me gustaría		*pantalón*	*marrón*		*fibra artificial.*
Me encantaría		*corbata*	*negro*		*seda.*
		traje	*amarillo*		
		chaqueta	*verde*		
		vestido	*azul*		

3. **En parejas: Preguntad y responded según el modelo:**

–¿De qué color querrías la camisa?
–La querría blanca.

1. falda.
2. pantalón.
3. blusa.
4. zapatos.
5. chaqueta.
6. traje.
7. vestido.
8. corbata.
9. jersey.

4. **Completa las formas verbales:**

1. ¿..... (*saber*) usted cuánto cuesta este pantalón?
2. ¿De qué talla .... (*querer*) usted la falda?
3. .... (*querer*, nosotras) comprar una blusa azul y unos calcetines negros.
4. Ya .... (*tener*, yo) una corbata gris y ..... (*querer*, yo) comprar otra de color rojo.
5. Le gustan los jerseys rojos, pero ya ..... (*tener*) uno.
6 ¿....... (*venir*, vosotras) a comprar algo a la tienda?
7. No .... (*conocer*, yo) a tu amiga francesa.
8. Hoy ..... (*ir*, yo) con mis amigas a patinar.

5. **En parejas: Preguntad y responded con frases como éstas:**

–¿Desea usted comprar { *unos pantalones verdes? / unos zapatos negros? / un traje gris? / una falda roja? / una chaqueta marrón? / un pantalón azul? / una corbata de fibra? / un jersey rosa?* }

–No, querría { *una camisa azul. / unos pantalones grises. / un jersey rojo. / una falda amarilla. / unas medias negras. / unos zapatos marrones. / una corbata de seda. / una blusa blanca. / unos calcetines grises.* }

6. **En grupo: Completad el diálogo:**

–¿.......... comprar algo, caballero?
–Sí, ... un traje azul y una camisa.
–¿De qué .... desea la camisa? ¿Blanca?
–Sí, blanca .... bien.
–¿Cuál es su talla?
–Creo que mi talla ..... la 42.
–Muy bien. Aquí ...... un traje azul. .... a buen precio.
–¿......... cuesta?
–Veinticinco mil pesetas.
–No ...... mal. ¿Y esta camisa?
–5.200 ptas. ..... muy moderna y va bien con el traje.
–En total son 30.200 ptas., ¿no?
–Exactamente.
–De acuerdo. ¿Puedo .... con tarjeta?
–Naturalmente. Firme aquí.

–¿Cómo es... (Laura)?
–Es morena / rubia / alta / delgada...
–Tiene los ojos negros / el pelo largo...

3 Toma la palabra

Gramática

Doler	Posesión / Pertenencia
Me duele (a mí)	**mi, mis**
Te duele (a ti)	**tu, tus**
Le duele (a él/ella/a usted)	**su, sus**
Nos duele (a nosotros/as)	**nuestro/a, nuestros/as**
Os duele (a vosotros/as)	**vuestro/a, vuestros/as**
Les duele (a ellos/ellas/a ustedes)	**su, sus**

1. Señala qué parte del cuerpo puede dolerte:

cabeza, ojos, oídos, muelas, dientes, garganta, pecho, espalda, rodilla, pierna, pie, vientre

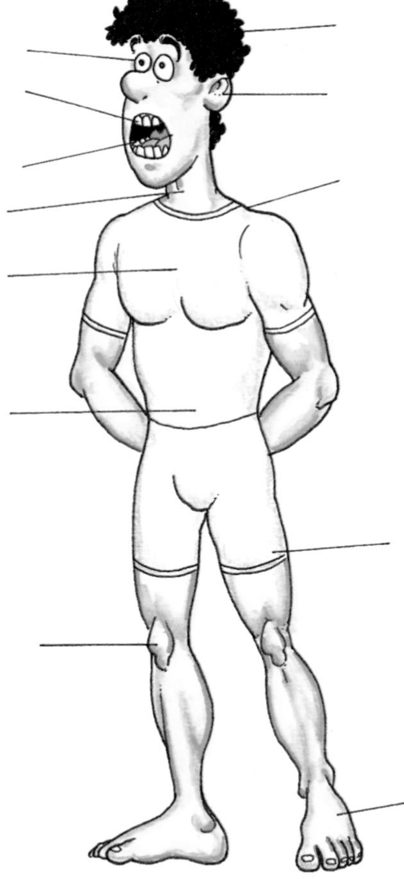

2. Escucha y completa con los elementos del recuadro:

puedes / te ocurre / puedo / te duele / puedo

Pepe: ¿Qué .... , Antonio?
Antonio: No lo sé. No .... moverme.
Pepe: ¿......... aquí, en la espalda?
Antonio: No, ahí no. Más abajo.
Pepe: ¿Aquí?
Antonio: Sí, ahí. Y más abajo, en la pierna.
Pepe: A ver. ¿......... ponerte de pie? Te ayudo.
Antonio: Lo intento, pero no ....

Se dice así

–¿Qué te duele?
–¿Qué le duele a usted?

–Me duele la cabeza, el estómago...
–Tengo dolor de cabeza, de estómago, etc.

3. **En parejas:**
Completad los dibujos según el modelo:

–¿Qué le duele a .....?
–A ..... le duele ....

A Carmen .... A Lupe .... A Laura .... A Antonio ....

4. **Agrupa las palabras siguientes en tres bloques:**

Dolor de	Medicina	Enfermedad
....	....	....
....	....	....
....	....	....
....	....	....
....	....	....
....	....	....

pecho, aspirina, gripe, cabeza, inyección, resfriado, vientre, hospital, fiebre, espalda, cama, reuma, ojos, quedarse en casa, garganta, pastillas

5. **En grupos:**
Buscad en esta Unidad las expresiones siguientes y traducidlas a vuestro idioma:

Me duele ....
¿Qué te duele? ....
Querría ....
Creo que no la conoces ....
¡Caramba! ....
¿De qué color es la camisa? ....
¡Vale, vale! ....
¿Te duele aquí? ....
No lo sé ....

APRENDE A APRENDER:

Observa la relación entre los siguientes elementos:

mi - me (yo, a mí)	*Mi cuerpo. Me duele.*
tu - te (tú, a ti)	*Tu falda. Te gusta.*
su - le ((a) él/ella)	*Su camisa. Le gusta.*
nuestro - nos ((a) nosotros/as)	*Nuestro oído. Nos duele.*
vuestro - os ((a) vosotros/as)	*Vuestra ciudad. Os gusta.*
su - les ((a) ellos/ellas)	*Su cabeza. Les duele.*

Haced una regla de uso de esos elementos en español, en relación con:
- El significado que añaden.
- La posición (delante del nombre o del verbo).

Preguntad al profesor, si necesitáis ayuda.

6. **Escucha y repite:**
Entonación en frases exclamativas:

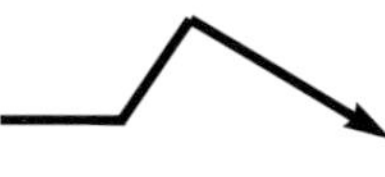

¡Ca ram ba!

1. ¡Estupendo!
2. ¡Maravilloso!
3. ¡Enhorabuena!
4. ¡Magnífico!
5. ¡Asombroso!
6. ¡Sensacional!
7. ¡Espectacular!

4 ¿Eres capaz?

Tarea:

a. Haced una encuesta sobre las preferencias en el vestir de vuestros/as amigos/as o familiares.

Vestido, prenda de vestir	Color

b. Leed a la clase los resultados de la encuesta.

¿QUIERES SABER MÁS?

Prendas de vestir

ropa
ropa interior
traje (pantalones, chaqueta)
zapatos
corbata
calcetines
medias
blusa
vestido
abrigo
chaquetón
jersey
cinturón
pañuelo
quitarse/ponerse la ropa

Partes del cuerpo humano

cabeza
ojo
nariz
cara
boca
dientes
labios
frente
pelo, cabello
hombro
brazo
mano
pecho
vientre
cadera
pierna
pie
dedo (pie, mano)
hueso

Dolores frecuentes / enfermedades

tener fiebre, dolor de muelas, de cabeza, de vientre...
(coger/tener un) resfriado
gripe
marearse
apendicitis
tuberculosis
cólera
malaria
infarto, ataque al corazón

España		Hispanoamérica
En España se usa la ***chaqueta*** *o* ***americana,***	→	*mientras que en Hispanoamárica la gente usa el* ***saco.***
El ***jersey*** *o* ***suéter*** *español*	→	*es un* ***chaleco*** *en Chile o un* ***pullover*** *en Argentina.*
La ***falda***	→	*es una* ***pollera.***
Los ***calcetines***	→	*se llaman* ***medias*** *en el Perú y Argentina.*
El ***chándal***	→	*es en varios países hispanoamericanos un* ***buzo.***

Los grandes almacenes y las tiendas en general son muy similares en todos los países del mundo. En los grandes almacenes, por ejemplo, podemos comprar de todo: ropa, muebles, electrodomésticos, televisores, etc. Y las tiendas se especializan en la venta de un solo tipo de artículos: vestidos para los jóvenes, joyas, telas, etc.

Pero algunas características todavía son propias de España, por ejemplo: los sellos de Correos se venden exclusivamente en los **estancos**; las medicinas se venden solamente en las **farmacias**; las revistas y periódicos se venden en los **quioscos.** Además, si una persona tiene dolor de cabeza, puede pedir una **aspirina** en los bares o restaurantes. El camarero le traerá una, sin ningún problema.

¿Qué comprar y dónde?

pan ....*panadería*
carne...........................*carnicería*
tabaco ....*estanco*
vino y licores..............*bodega*
libros ....*librería*
sellos...........................*estanco*
pescado.......................*pescadería*
café con leche..............*bar, cafetería*
verduras.....................*verdulería*

TEXTOS Y CANCIONES

Poesía

Se ha perdido un hombre

Se ha perdido un hombre calvo,
de ojos claros.
Se ignora su nombre.
Ya no tiene años.
Confunde su vida
con lo que ha inventado.
Viste como todos.
No es alto ni bajo.
Se ha perdido un hombre
que salió buscando
algo cuyo nombre
ya se le ha olvidado.
Si alguien se lo encuentra,
diríjale al cuarto
de Juan de Bilbao,
Donostia (España).
Le estoy esperando.

Gabriel Celaya.

Unidad de revisión y autoevaluación

Puntuación:

I. Comprensión oral: 15
II. Comprensión escrita: 15
III. Expresión oral y escrita: 25
IV. Gramática y léxico: 25
Total 80

I. Comprensión oral (15 puntos)

1. **Escucha y anota las preferencias y gustos de Andrea. (3 p.)**

....
....
....

2. **Escucha y marca la hora en los relojes. (3 p.)**

3. **Observa el mapa, escucha las noticias sobre el tiempo y señala dónde hace sol. (3 p.)**

- ❑ Galicia.
- ❑ Cantabria.
- ❑ Extremadura.
- ❑ Castilla-León.
- ❑ Asturias.

4. **Escucha y anota V (verdadero) o F (falso). (3 p.)**

	V	F
a) Joaquín se levanta a las ocho.	❑	❑
b) Termina el trabajo a las cuatro.	❑	❑
c) Después de cenar le gusta ver la televisión.	❑	❑
d) Está soltero.	❑	❑

5. **Escucha y señala qué símbolo no se menciona. (3 p.)**

     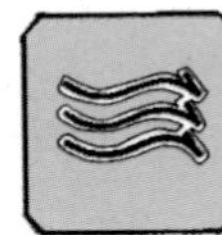

II. Comprensión escrita (15 puntos)

1. Relaciona las frases de cada columna. (3 p.)

a) ¿Te gusta leer?
b) ¿Qué día es hoy?
c) ¿Qué edad tienes?
d) ¿Quieres venir al cine?
e) ¿Qué hora es?

1) Me gustaría, pero...
2) Son las tres y media.
3) Me encantan los libros.
4) Tengo 15 años.
5) Hoy es jueves.

2. Lee el diálogo siguiente y anota V (verdadero) o F (falso). (3 p.)

Dr. Gimeno: ¡Hola! ¿Qué te duele Fermín?
Fermín: Me duele todo. Tengo dolor de cabeza, de espalda, de piernas...
Dr. Gimeno: Bien. Y la garganta, ¿te duele también?
Fermín: Sí, doctor, mucho.
Dr. Gimeno: Vamos a ver. Abre la boca. Un poco más, mm... Ya está. Tienes la gripe. Además, también tienes algo de fiebre. Toma una de estas pastillas cada seis horas.
Fermín: ¿Tengo que quedarme en cama?
Dr. Gimeno: Sí, sólo uno o dos días.
Fermín: ¡Bien! ¡Entonces no voy al colegio!

	V	F
a) Fermín está enfermo.	❑	❑
b) A Fermín le duele sólo la garganta.	❑	❑
c) Fermín tiene que tomar una pastilla al día.	❑	❑
d) Fermín tiene que quedarse en cama.	❑	❑
e) Fermín no puede ir al colegio.	❑	❑

3. Ordena el siguiente diálogo. (3 p.)

B: *–La quiero de seda, de estas modernas con flores.*
A: *–¿Desea alguna cosa más?*
A: *–Veamos. ¿Qué tal ésta?*
A: *–¿Qué desea, señora?*
B: *–No, nada más.*
B: *–Desearía comprar una corbata para mi marido.*
B: *–Es preciosa. La compro.*
A: *–¿Cómo la desea?*

4. Lee de nuevo el diálogo anterior y señala a cuál de los siguientes dibujos corresponde. (3 p.)

5. Lee y señala cuál de estas etiquetas corresponde a la falda. (3 p.)

- La camisa es de color azul.
- El jersey cuesta menos que la camisa.
- Los pantalones de señora y de caballero son de algodón.

a)

b)

c)
○ **Talla:** 44
Color: gris
Material: algodón
Precio: 13.275 ptas.

d)

e)
○ **Talla:** 42
Color: negro
Material: cuero
Precio: 12.300 p

III. Expresión oral y escrita (25 puntos)

1. **Escucha y acepta las invitaciones de Rosario. (5 p.)**

   a) ....
   ....

   b) ....
   ....

2. **Escucha y responde a las preguntas. (5 p.)**

   a) ....
   ....

   b) ....
   ....

   c) ....
   ....

3. **Observa los siguientes dibujos y escribe el nombre de las prendas de vestir. (5 p.)**

   a) .... b) .... c) ....

4. **Completa el siguiente diálogo. (5 p.)**

   A: *–¿Cómo estás?*
   B: –..
   A: *–¿Te duele algo?*
   B: –..
   A: *–¿La cabeza?*
   B: –..
   A: *–Toma una aspirina. Es lo mejor.*
   B: –..
   A: *–¿Una farmacia? Sí, en la esquina.*
   B: –..
   A: *–De nada. Bueno, cuídate y hasta pronto.*
   B: –..

5. **Escribe cinco frases referidas a acciones cotidianas. (5 p.)**

   a) ....
   ....

   b) ....
   ....

   c) ....
   ....

   d) ....
   ....

   e) ....
   ....

IV. Gramática y léxico (25 puntos)

1. Completa con el pronombre adecuado. (5 p.)

a) A .... nos gusta el té.
b) A .... me encanta la música rock.
c) A .... le gusta divertirse.
d) ¿A .... os parece buen profesor?
e) A .... te encanta leer.

2. Completa con el verbo en la forma adecuada. (5 p.)

a) Los niños (*jugar*) .... en la playa.
b) Esto no (*poder*) .... ser verdad.
c) No me (*acordar*) .... de la respuesta.
d) ¿(*sentir*) .... usted dolor?
e) Él (*querer*) .... mucho a su novia.

3. Completa con el adjetivo posesivo adecuado. (5 p.)

a) Voy a pasar .... vacaciones en Panamá.
b) Juan tiene un coche. .... coche es azul.
c) Les gusta ponerse .... traje nuevo.
d) –¿Este perro es vuestro? –Sí, es .... perro.
e) –¿Sabes nuestro número de teléfono? –Sí, ... teléfono es el 72 81 32.

4. Completa las palabras con *z* / *c*. (5 p.)

a) ....ena
b) nari....es
c) ve....es
d) ....apato
e) ....erilla
f) ve....ino
g) .....ielo
h) ....ere....a
i) ....ebolla
j) ....inco

5. Escribe cinco palabras referidas a: (5 p.)

a) Deportes: ....
....

b) Días de la semana: ....
....

c) Partes del cuerpo: ....
....

d) Prendas de vestir: ....
....

e) Meses: ....
....

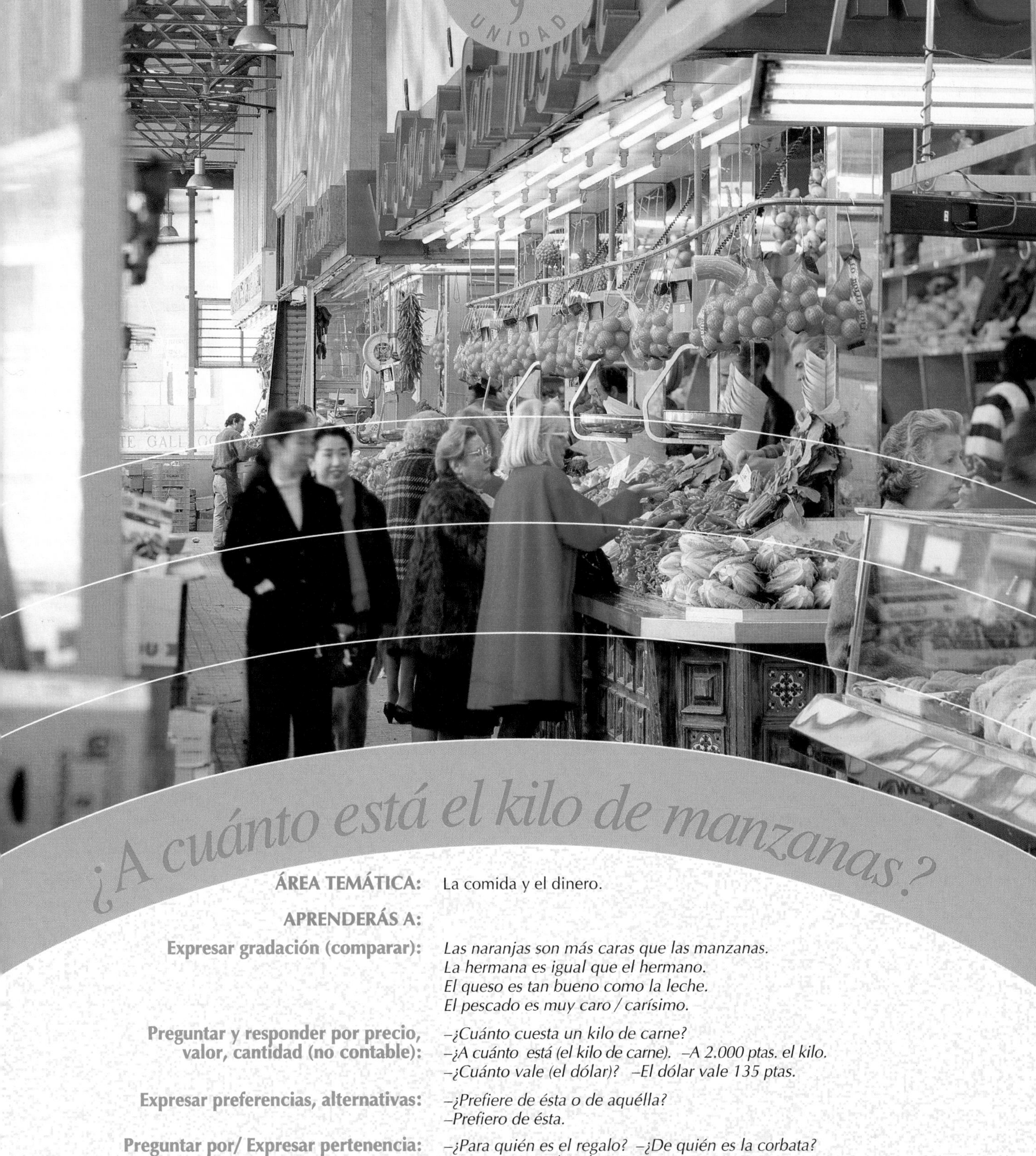

¿A cuánto está el kilo de manzanas?

ÁREA TEMÁTICA: La comida y el dinero.

APRENDERÁS A:

Expresar gradación (comparar):
Las naranjas son más caras que las manzanas.
La hermana es igual que el hermano.
El queso es tan bueno como la leche.
El pescado es muy caro / carísimo.

Preguntar y responder por precio, valor, cantidad (no contable):
–¿Cuánto cuesta un kilo de carne?
–¿A cuánto está (el kilo de carne). –A 2.000 ptas. el kilo.
–¿Cuánto vale (el dólar)? –El dólar vale 135 ptas.

Expresar preferencias, alternativas:
–¿Prefiere de ésta o de aquélla?
–Prefiero de ésta.

Preguntar por/ Expresar pertenencia:
–¿Para quién es el regalo? –¿De quién es la corbata?
–Es para María / Es de María.

GRAMÁTICA: Gradación del adjetivo: *más/menos/igual ... que; tan(to) ... como. Muy caro... Carísimo. Bueno - mejor - el/la... mejor. Malo - peor - el/la... peor. Grande - mayor. Pequeño - menor.*
Estructuras para preguntar por precios, pertenencia, etc.
¿Cuánto cuesta? ¿Para quién? ¿De quién? Para + mí, ti, él/ella.

LÉXICO: Artículos alimenticios habituales.

ORTOGRAFÍA Y PRONUNCIACIÓN: Ortografía: **v** / **b.**

PÁGINA CULTURAL: Información sobre horarios de comidas y apertura / cierre de tiendas, grandes almacenes, bancos...
Poesía de Pablo Neruda.

1 De entrada

1. En parejas:
Poned el nombre adecuado a cada producto:

bebidas: agua, vino, cerveza.
verduras: lechuga, tomate, patata.
frutas: manzana, plátano, naranja.
pescados: merluza, salmón, sardina.
carnes: pollo, ternera, cordero.
condimentos: sal, aceite, vinagre, pimienta.
otros: pan, leche, queso.

2. Escucha y completa el menú de cada día:

lunes	martes	miércoles	jueves	viernes	sábado	domingo
....	....	....	....	....	....	....
....	....	....	....	....	....	....
....	....	....	....	....	....	....

Ramón: Mañana es sábado. ¿Cómo está el frigorífico, María?
María: Vacío; hoy es viernes...
Ramón: Pues aquí están los menús de la semana.
María: Estupendo. Eres un compañero ideal. A ver: el lunes, ensalada, pollo y fruta. El martes, sopa, carne y fruta. El miércoles...
Ramón: El miércoles, lentejas con chorizo y pescado. El jueves, espagueti, carne y fruta. El viernes, arroz a la cubana, pescado y fruta.
María: Mm... Ya tengo hambre. ¿Y el sábado? El sábado no trabajamos y estamos en casa. Quiero un menú especial. A ver: ensalada, bistec de ternera, fruta y flan. No está mal.
Ramón: Y el domingo, paella y helado. ¿Te parece bien?

María: Sí, me parece bien. Vamos al supermercado.
Ramón: Ya son las ocho. ¿No estás muy cansada?
María: No. Así hay menos gente y hacemos la compra más rápidamente.

3. Lee el diálogo anterior y haz una lista de los alimentos incluidos en los menús de Ramón. Luego comprueba cuántos de ellos no están incluidos en la relación de productos de 1.

Menús de Ramón	Relación de productos de **1.**
....	....
....	....
....	....

Gramática

La comparación

más .... que	*Las naranjas son **más** caras **que** las manzanas.*
menos .... que	*El salmón es **menos** caro **que** la merluza.*
igual .... que	*La hermana es **igual que** el hermano.*
tan(to) .... como	*El queso es **tan** bueno **como** la leche.*

*El pescado es **muy** caro.* *El pescado es car**ísimo**.* *La carne es car**ísima**.*

4. Escucha y repite:

a) En el mercado:

A. *–¿Qué desea?*
B. *–Un kilo de carne, por favor.*
A. *–¿De ésta o de aquélla?*
B. *–Prefiero de ésta. Parece más fresca.*
A. *–Las dos son igual de frescas y el precio no es muy alto.*

A. *–Quisiera medio kilo de queso manchego.*
B. *–¿De éste?*
A. *–No, de aquél. ¿Es más barato? ¿Cuánto cuesta?*
B. *–1.150 pesetas el kilo.*

A. *–¿Tienen ustedes merluza fresca?*
B. *–Sí. Es ésta de aquí.*
A. *–¿A cuánto está?*
B. *–A 2.400 pesetas el kilo.*
A. *–¡Qué cara! Es carísima. Quisiera algo menos caro.*
B. *–El salmón es más barato que la merluza: está a 1.000 pesetas el kilo.*
A. *–Entonces un kilo de salmón.*

A. *–¿Compramos fruta?*
B. *–Sí, claro. ¿Naranjas?*
A. *–Me gustan más las manzanas que las naranjas.*
B. *–Entonces, dos kilos de naranjas y dos kilos de manzanas. Las naranjas son tan buenas como las manzanas.*

b) En los grandes almacenes:

Pedro: ¿Te gusta este color?
Jaime: No mucho. ¿Y a ti? Va bien con tu camisa.
Pedro: Quizás. Pero prefiero las corbatas de colores un poco más claros.
Jaime: ¿Qué tal ésta?
Pedro: Tampoco es para mí. Odio los dibujos. Jaime, mira ésta. Está bien, ¿verdad?
Jaime: ¿Es para ti?
Pedro: No, es un regalo para un amigo.
Jaime: ¿Y cuánto cuesta?
Pedro: Dos mil pesetas. Está en rebajas.
Jaime: Está bien de precio. Es un buen regalo.

5. Ahora escucha de nuevo y completa:

Pedro: ¿Te gusta este color?
Jaime: .... Va bien con tu camisa.
Pedro: Quizás. Pero prefiero las corbatas de colores un poco más claros.
Jaime: ....
Pedro: Tampoco es para mí. Odio los dibujos. Jaime, mira ésta. Está bien, ¿verdad?
Jaime: ....
Pedro: No, es un regalo para un amigo.
Jaime: ....
Pedro: Dos mil pesetas. Está en rebajas.
Jaime: Está bien de precio. ....

Para expresar la pertenencia

Este regalo es ***para mí.***
para ti.
para él/ella/ellos/ellas.
para nosotros/as.
para vosotros/as.

APRENDE A APRENDER:

Relaciona el uso de *Para + mí,* etc., con cada uno de los pronombres personales (yo, tú, él/ella, etc.).

Compara este uso en español con el uso equivalente en tu propio idioma.

6. Responde a estas preguntas:

1. ¿Para quién es la corbata? – ....
2 ¿Es la falda para Isabel? – ....
3. Estos libros, ¿son para nosotros? – ....
4. ¿Compra Laura un regalo para su amigo? – ....
5. ¿Es este reloj para Teresa? – ....
6. ¿Es para mí? – ....
7. ¿Haces la compra para toda la familia? – ....
8. ¿Para quién es este libro? – ....
9. ¿Son las fotos para Juan? – ....

2 De refuerzo

1. Deseas invitar a tu fiesta de cumpleaños a tus amigos/as. Haz una lista de lo que te gustaría ofrecerles:

Aperitivo y bebidas: ....
....
Comida: ....
....
Postres y dulces: ....
....

2. Mira el precio de los siguientes alimentos:

a) Ordénalos empezando por los más caros.

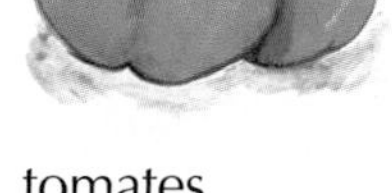

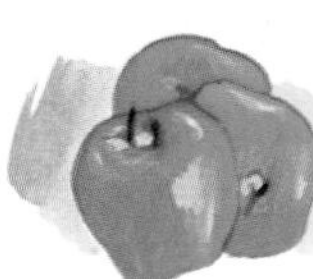

tomates (200 ptas./kg.)	pescado (1.800 ptas./kg.)	manzanas (120 ptas./kg.)	plátanos (245 ptas./kg.)	leche (99 ptas./l.)

patatas (23 ptas./kg.)	agua (45 ptas./l.)	queso (1.150 ptas./kg.)	huevos (285 ptas./docena)	carne (1.500 ptas./kg.)

b) Completa las frases siguientes, según la lista de precios anterior:

1. Los tomates están a .... el kilo.
2. El agua ....
3. Las patatas ....
4. Las manzanas ....
5. Los plátanos ....
6. La carne ....
7. El pescado ....
8. El queso ....
9. Los huevos ....
10. La leche ....

3. Mira el dibujo y los precios anteriores y completa con *más, menos, tan(to), que, como*:

1. *Los tomates son **más** caros **que** las patatas.*
2. El agua / la leche.
3. Las manzanas / los huevos.
4. El queso / el pescado.
5. Los tomates / los plátanos.
6. La leche / el queso.
7. La carne / el pescado.
8. Las manzanas / los plátanos.

4. Transforma según el modelo:

–¿Es cara la carne? *–Sí, la carne es cara.*
–¿Y el pescado? *–El pescado es más caro que la carne.*

1. agua / leche.
2. lechuga / tomates.
3. pollo / merluza.
4. huevos / filete de ternera.
5. manzanas / plátanos.
6. agua / cerveza.
7. arroz / pescado.
8. fruta / carne.

5. Haz frases con elementos de cada columna:

Ejemplo: *La carne es más cara que el pescado.*

la	carne	es	más	caro/a	que	el pescado.
esta	verduras		muy	barato/a		la fruta.
los	queso	son	menos	bueno/a	como	el flan.
el	manzanas		tan	fresco/a		las naranjas.
las	huevos					la paella.
	bistec					la merluza.
	tomates					los plátanos.

6. Transforma las frases según el modelo:

A. *–¿Es caro el pescado?*
B. *–Sí, es carísimo.*

1. La carne es cara.
2. La paella es barata.
3. Los plátanos son buenos.
4. Las casas son modernas.
5. Carmen está cansada.
6. Mis amigos están contentos.
7. Ana está encantada con su novio.
8. Hoy tenemos un menú especial.

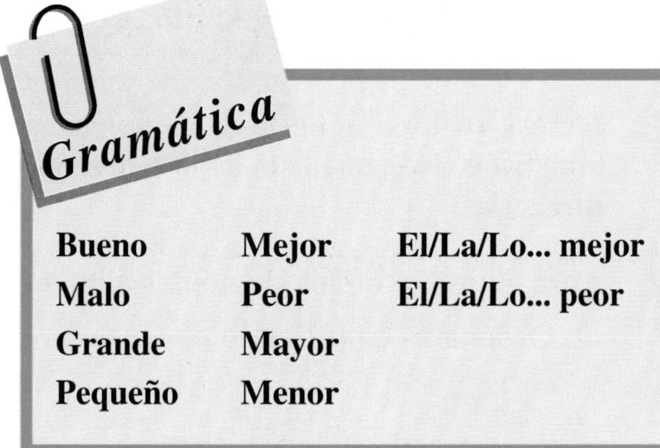

Bueno	Mejor	El/La/Lo... mejor
Malo	Peor	El/La/Lo... peor
Grande	Mayor	
Pequeño	Menor	

7. Preguntad y responded siguiendo el modelo: ¿Cómo es tu ...?

corbata / camisa
–Mi corbata es la mejor.
–Mi corbata es mejor que tu camisa.

1. traje / abrigo
2. zapatos / calcetines
3. pantalón / abrigo
4. camisa / vestido
5. falda / jersey
6. chaqueta / blusa
7. vestido / falda

Se dice así

–¿Tiene usted naranjas?
–Sí. ¿Cuántos kilos desea?

–Quisiera medio kilo de carne.
–¿De ésta o de aquélla?

–¿Cuánto cuesta un kilo de carne?
–1.800 ptas. el kilo.

–¿A cuánto está la carne?
–A 1.800 ptas. (el) kilo.

8. En parejas: Preguntad y responded según el modelo:

A. *–¿Tienen ustedes plátanos?*
B. *–Sí, ¿cuánto(s) quiere?*
¿Cuántos kilos desea?

1. tomates
2. filetes de ternera
3. manzanas
4. naranjas
5. sardinas
6. pollo
7. queso
8. merluza

9. En parejas: Haced frases como en el recuadro, con palabras de la lista:

–Quisiera medio kilo de queso.
–¿De éste?
–No, de aquél.

sardinas	tomates	lechuga
filete	plátano	queso
bistec de ternera	merluza	pescado
carne	leche	agua

10. Responde según el modelo:

–¿A cuánto está el queso? / 1.200 ptas.
–A mil doscientas pesetas el kilo.

1. esa fruta / 350 ptas.
2. la carne / 1.800 ptas.
3. los plátanos / 300 ptas.
4. El pescado / 2.100 ptas.
5. la lechuga / 100 ptas.
6. aquellas manzanas / 145 ptas.
7. estos tomates /210 ptas.
8. este pescado / 1.350 ptas.

3 Toma la palabra

1. En parejas:
Escribid vuestros menús de la semana pasada.

Lunes:
Martes:
Miércoles:
Jueves:
Viernes:
Sábado:
Domingo:

2. En parejas:

a) Haced una lista de cosas que deseéis comprar.

b) Preguntad sobre el precio de cada cosa y responded:

–Cuánto cuesta el/la.....?
–(El/la..... cuesta) 5.500 ptas.

3. En grupos:
Tenéis 25.000 ptas. para comprar lo que queráis. Calculad cuántas cosas podéis comprar:

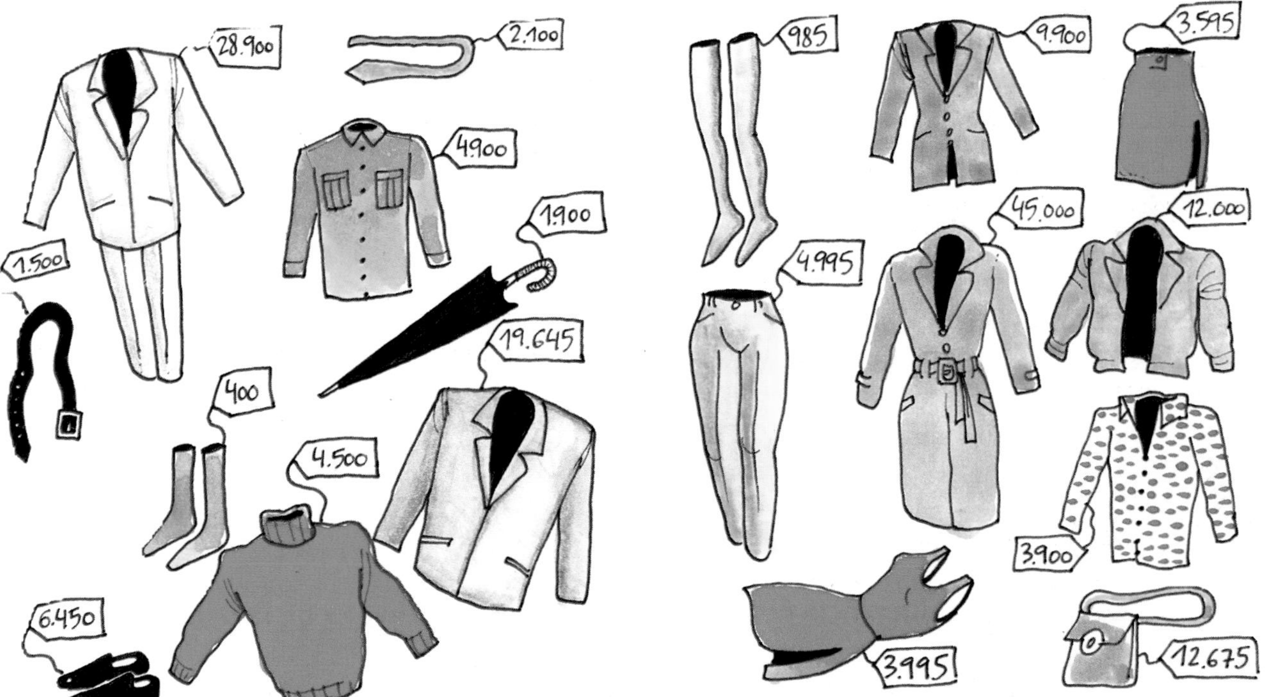

Total .... 25.000 ptas.

4. **En grupos:**

a) Escribid la pregunta adecuada para:

1. Preguntar por el precio de un libro.
2. Saber el lugar donde hay una tienda de frutas.
3. Saber cuántas pesetas vale vuestra moneda nacional.
4. Conocer los colores que le gustan a uno.
5. Saber cuáles son las preferencias en ropa.
6. Saber el menú del día.
7. Saber qué le gusta más a uno: la carne o el pescado.

b) Leed las preguntas a la clase y comparadlas con las hechas por otros grupos.

5. **En parejas:**
Leed y completad el diálogo siguiente:

–................ cambiar dólares. ¿A .... el dólar hoy?
–A 125 pesetas.
–Entonces .... cambiar cien dólares.
–Muy bien. .... 12.500 pesetas.
–Y el franco suizo, ¿.......... vale?
–El franco suizo .... 90 pesetas.
–¿.............. cambiarme 150 francos suizos?
–Naturalmente, 150 por 90... son 13.500 pesetas. Más 12.500 de los dólares, en total .... 26.000 pesetas. Pase por caja con .... recibo, por favor. Ventanilla 3. Gracias.
–Gracias. Adiós.

6. **a) Escucha atentamente las siguientes palabras:**

Vaso, vaca, beber, vacaciones, bajar, ver, banco, Cuba.

b) Ahora escucha de nuevo y lee:

- *María bebe agua en un vaso.*
- *Luis va de vacaciones a Cuba.*
- *Mi amiga vive en la avenida del Rey.*
- *Ella también viene con nosotras.*

APRENDE A APRENDER:

- **¿Observas alguna diferencia en la pronunciación de la *v* (uve) y de la *b* (be)?**
- **Pregunta a tu compañero/a. ¿Estáis de acuerdo?**
- **Comparad con la pronunciación de estas dos letras en vuestro idioma.**
- **Preguntad al profesor.**

4 ¿Eres capaz?

Tarea:

Quieres hacer una excursión de tres días de duración con un amigo/a.

a. Haz una lista de lo que necesitáis llevar cada uno.

b. Anota el precio de cada cosa y el total.

¿QUIERES SABER MÁS?

Bebidas: agua, vino, cerveza, cava, licor, coñac.

Carnes: ternera, buey, vaca, cordero, cerdo, pollo, jamón.

Pescados: merluza, sardina, salmón, bacalao, atún.

Postres: fruta, helado, pastel, flan.

Verduras: lechugas, judías, espinacas, ajos, patatas, cebollas, alcachofas.

Frutas: manzanas, naranjas, plátanos, peras, uvas.

Otros: ensalada, leche, queso.

Día	Alimentos	Ropa	Precio

España	Hispanoamérica
*En España **se come** al mediodía,*	*mientras que en Hispanoamérica, preferentemente, **se almuerza.***
*Las **patatas***	*se llaman **papas** en los países hispanoamericanos.*
*De similar manera, el **zumo** (menos frecuentemente el **jugo)** de frutas o verduras*	*es siempre el **jugo.***
*En España se habla siempre de **dinero,***	*mientras en Hispanoamérica se habla de **plata.***
*En España **se bebe** o **se toma** algo de beber.*	*En Hispanoamérica **se toma** algo de beber.*
*En España se dice **filete** (de buey, ternera o genéricamente de carne).*	*En Argentina, Chile, Uruguay o Bolivia usan el término **bife.***

Las comidas

¿A qué hora se come en los países de habla hispana? Los españoles tienen fama en Europa de comer tarde. Así es, en relación con los demás países europeos. La hora en torno a la cual se suele comer en España son las 2 de la tarde (14.00). En los restaurantes, lo más normal es que entre gente a comer hasta las 3 de la tarde, especialmente en las grandes ciudades.

La cena tiene lugar, en las familias, a partir de las ocho de la tarde, aunque lo más habitual es cenar en torno a las 9. Por esa razón los programas de noticias en la televisión (los "telediarios") se programan de 2.30 a 3.00 al mediodía y de 8.30 a 9.00 por la tarde/noche.

Horarios de apertura de tiendas y grandes almacenes

	España	México	Ecuador
Tiendas	9.00 - 13.00 16.00 - 20.00	9.00 - 14.00 16.00 - 18.00	9.00 - 17.00
Grandes almacenes	10.00 - 21.00	9.00 - 18.00	9.00 - 19.00
Bancos	8.30 - 15.00	9.00 - 13.30	9.00 - 13.30

En los países de habla hispana los horarios de comida son variados y responden a costumbres diferentes. En Argentina y Chile, por ejemplo, el almuerzo puede hacerse a partir de las 12 y prolongarse hasta las tres de la tarde, mientras la cena suele hacerse entre las 9.00 y las 12.00 de la noche.

TEXTOS Y CANCIONES

Puedo escribir los versos más tristes esta noche...
En las noches como ésta la tuve entre mis brazos.
La besé tantas veces bajo el cielo infinito.
Ella me quiso, a veces yo también la quería.
Cómo no haber amado sus grandes ojos fijos...
Ya no la quiero, es cierto, pero tal vez la quiero.
Es tan corto el amor, y es tan largo el olvido.
Porque en noches como ésta la tuve entre mis brazos,
mi alma no se contenta con haberla perdido.

Pablo Neruda

10
UNIDAD

Nació en 1881

ÁREA TEMÁTICA:	Hechos y acciones pasadas.
APRENDERÁS A:	
Hablar de hechos y estados pasados, narrar experiencias:	*Picasso nació en 1881; pintó "El Guernica"....* *Hoy he estudiado todo el día.* *Ya eran las cinco.*
GRAMÁTICA:	Tiempos del pasado: Pretérito imperfecto de indicativo e indefinido. Pretérito perfecto de indicativo. Algunos indefinidos irregulares. Elementos secuenciales: *Primero, luego...*
LÉXICO:	Términos relacionados con hechos pasados habituales.
ORTOGRAFÍA Y PRONUNCIACIÓN:	El acento en la palabra: acento tónico y acento gráfico.
PÁGINA CULTURAL:	Hechos históricos: Extracto del *Diario de Cristóbal Colón.* Poesía de Machado.

1 De entrada

1. Lee y ordena cronológicamente algunos hechos importantes de la vida de Picasso:

Picasso, Pablo Ruiz

Pintó el *Guernica* en	1937.
Hizo una famosa escultura (*La cabra*) en	1950.
Nació en	1881 (en Málaga).
Pasó la niñez en Málaga:	1881-1891.
Emigró a Francia en	1904.
Se creó el Museo Picasso en Barcelona en	1963.
Se trasladó a Barcelona en	1895.
Estudió Bellas Artes:	1895-97 (en Barcelona).
Murió en	1973 (en Francia).
Hizo la primera exposición en	1900.
Cursó un año en la Academia de San Fernando:	1897-98 (en Madrid).

2. Consulta el curriculum anterior y responde:

1. ¿En qué año nació Picasso?
2. ¿En qué ciudad nació Picasso?
3. ¿Qué cuadro pintó en 1937?
4. ¿En qué país murió el pintor?
5. ¿Cuándo se creó el Museo Picasso de Barcelona?
6. ¿A dónde se trasladó Picasso en 1895?
7. ¿En qué año hizo su más famosa escultura?
8. ¿A dónde emigró en 1904?

Gramática

Pretérito Imperfecto

	Pas-ar	**Nac-er**	**Viv-ir**
(yo)	**pas-aba**	**nac-ía**	**viv-ía**
(tú)	**pas-abas**	**nac-ías**	**viv-ías**
(él/ella)	**pas-aba**	**nac-ía**	**viv-ía**
(nosotros/as)	**pas-ábamos**	**nac-íamos**	**viv-íamos**
(vosotros/as)	**pas-abais**	**nac-íais**	**viv-íais**
(ellos/ellas)	**pas-aban**	**nac-ían**	**viv-ían**

Pretérito Indefinido

(yo)	**pas-é**	**nac-í**	**viv-í**
(tú)	**pas-aste**	**nac-iste**	**viv-iste**
(él/ella)	**pas-ó**	**nac-ió**	**viv-ió**
(nosotros/as)	**pas-amos**	**nac-imos**	**viv-imos**
(vosotros/as)	**pas-asteis**	**nac-isteis**	**viv-isteis**
(ellos/ellas)	**pas-aron**	**nac-ieron**	**viv-ieron**

3. Lee el texto siguiente y subraya todos los verbos en forma de pasado.

Todos los alumnos del colegio estaban alegres: el viernes día 7, se organizaba una fiesta de fin de curso. Lo más importante empezaba a las 5 de la tarde. A esa hora llegaban *Los Brincos*, el grupo más popular y de moda entre la juventud. Muchos chicos y chicas vestían pantalones vaqueros y chaqueta a cuadros, como *Los Brincos*. En el patio del colegio había un gran escenario y grandes altavoces para escuchar la música.

Ya eran las 5. Todo estaba preparado, pero *Los Brincos* no salían al escenario. Se empezaron a oír algunos silbidos; luego se oyeron algunas voces y más tarde aumentó el ruido, con más silbidos y algunos gritos. Pasaron veinte minutos, pasó media hora. Finalmente, a las 5.45 salieron los cantantes al escenario. Los chicos y chicas empezaron a gritar; algunas muchachas lloraban de emoción... Luego se hizo el silencio. Hablaron *Los Brincos:*

–Amigas y amigos. Estamos muy contentos de poder cantar hoy en este colegio y estar con todos vosotros.

(Aumentaron los gritos y las voces).

–Pero necesitamos algo muy importante... ¡Necesitamos guitarras!

(Más gritos y voces).

–No tenemos guitarras, no tenemos ropa, no tenemos ... no tenemos nada: amigas y amigos, ¿qué podemos hacer? Anoche nos robaron todo el equipo musical.

4. Consulta el texto anterior y responde:

1. ¿Cómo se llamaba el grupo de cantantes?
2. ¿A qué hora empezaba la fiesta?
3. ¿Dónde se celebraba la fiesta?
4. ¿Por qué se hacía la fiesta en el colegio?
5. ¿A qué hora llegó el grupo?
6. ¿Por qué el grupo de cantantes no podía empezar la fiesta?
7. ¿Qué les ocurrió la noche anterior?

5. En parejas:
Clasificad los verbos del texto anterior en dos columnas:

Con terminaciones del imperfecto	Con terminaciones del indefinido
....	....
....	....
....	....
....	....
....	....

APRENDE A APRENDER:

En español nos referimos a hechos pasados con varios tiempos verbales.
De esta manera es posible señalar, entre otros aspectos, que la acción o hecho a que hacemos referencia

- es considerado como una acción o hecho pasado, sin más: se usa el **pretérito imperfecto.**
- es considerado como una acción o hecho pasado *que se acabó o tuvo su finalización en el pasado, en un momento anterior al que se encuentra quien habla:* se usa el **pretérito indefinido.**

¿Existe esta posibilidad en tu idioma?

Pregunta al profesor, si es necesario.

6. Completa con la forma adecuada para cada tiempo:

	pretérito imperfecto	**pretérito indefinido**
llegar	....	....
vestir	....	....
empezar	....	....
oír	*oía, oías, oía*	*oí, oíste, oyó*
gritar	....	....
necesitar	....	....
pasar	....	....

7. Haz una frase para cada dibujo con el verbo en indefinido:

(*Levantarse*) a las 7.30 de la mañana.
....

(*Lavarse*) la cara.
....

(*Desayunar*) a las 8.15.
....

(*Entrar*) en clase a las 9.00.
....

(*Volver*) a casa a las 13.00.
....

(*Comer*) a las 14.00.
....

Por la tarde (*estudiar*).
....

A las 11.00 (*acostarse*).
....

2 De refuerzo

1. Lee y anota la respuesta adecuada:

1. ¿Cuándo empezó la II Guerra Mundial?
   a. En 1914.
   b. En 1936.
   c. En 1939.

2. ¿Dónde se celebraron los Juegos Olímpicos de 1992?
   a. En Montreal.
   b. En Atlanta.
   c. En Barcelona.

3. ¿En qué año se descubrió América?
   a. En 1452.
   b. En 1492.
   c. En 1482.

4. ¿Cuántos habitantes tenía Perú en 1989?
   a. 19.700.000.
   b. 25.000.000.
   c. 23.000.000.

5. ¿Cuántos países formaban la Comunidad Económica Europea en 1990?
   a. 12.
   b. 11.
   c. 10.

6. ¿Cuántos millones de personas hablaban español en el mundo en 1992?
   a. Menos de 300.
   b. Más de 300.
   c. Más de 350.

2. a) Ahora escucha y comprueba tus respuestas.

b) Escribe la respuesta con una frase completa:

Ejemplo: *Los Juegos Olímpicos de 1992 se celebraron en ....*

3. Transforma según el modelo:

A. - *Luis se despierta a las 7.30.*
B. - *¿Cuándo se despertó Luis?*

1. Los niños se acuestan a las 10.30.
2. Mi amiga va a la escuela por la mañana.
3. Carmen se baña por la tarde.
4. Las puertas se abren a las 9.00.
5. Los alumnos entran a las 8.30 de la mañana.
6. Los niños reciben regalos de Navidad.
7. Nos duchamos todos los días a las 8.00 de la tarde.
8. Les visita después de comer.

4. Substituye el verbo en presente por la forma del indefinido:

1. A ella *le gusta* el vestido de color rosa.
2. *Llega* el primer lunes de enero.
3. *Está* en Francia desde el verano pasado.
4. Laura *vive* con sus padres.
5. *Se encuentran* en el parque a las cinco.
6. *Practican* el deporte todos los días.
7. *Sale* de casa a mediodía.
8. *Toma* el autobús cerca de su casa.

Gramática

	Imperfecto	Indefinido (indicativo)
Hacer	**hacía...**	**hice, hiciste, hizo, hicimos, hicisteis, hicieron.**
Oír	**oía...**	**oí, oíste, oyó, oímos, oísteis, oyeron.**
Tener	**tenía...**	**tuve, tuviste, tuvo, tuvimos, tuvisteis, tuvieron.**
Haber	**había...**	**hube, hubiste, hubo, hubimos, hubisteis, hubieron.**
Estar	**estaba...**	**estuve, estuviste, estuvo, estuvimos, estuvisteis, estuvieron.**
Ir	**iba...**	**fui, fuiste, fue, fuimos, fuisteis, fueron.**
Ser	**era...**	**fui, fuiste, fue, fuimos, fuisteis, fueron.**
Poder	**podía...**	**pude, pudiste, pudo, pudimos, pudisteis, pudieron.**

APRENDE A APRENDER:

Algunos verbos tienen formas irregulares en el indefinido: observa los distintos tipos de irregularidad que aparecen.

Pregunta al profesor, si es necesario.

5. Completa las frases con la forma adecuada de los verbos entre paréntesis:

1. Mi amiga .... (*estar*) ayer en la fiesta del colegio.
2. Juan, ¿.......... (*oír*) bien la canción de *Los Brincos*?
3. El verano pasado no .... (*hacer*) mucho calor.
4. Me gusta el fútbol, pero ayer no .... (*ir*) a verlo.
5. No .... (*poder*, yo) ir a visitarte por la tarde.
6. Mis compañeros no .... (*tener*) suerte en el examen.
7. Nada de eso .... (*ser*) posible.
8. Todos .... (*hacer*) lo que .... (*poder*).

6. Escribe los verbos en su forma de infinitivo:

1. **Fuiste** al colegio:
2. **Estuvimos** en la ciudad:
3. Le **oyeron** cantar:
4. **Hice** todos los ejercicios de español:
5. **Tuvieron** un problema con la fiesta:
6. **Fue** un buen amigo:
7. **Hizo** lo que **pudo** para ganar:
8. **Estuve** todo el día en casa:
9. ¿**Pudiste** encontrarle?:
10. No me **oyeron** bien:

3 Toma la palabra

1. **En grupos:**
¿Podéis imaginaros la historia? Clasificad los dibujos en el orden adecuado.

2. **Escuchad y comprobad "vuestra historia".**

Ayer ***estuve*** en casa todo el día.
El año pasado ***fuimos*** de viaje a Colombia.
En 1945 ***acabó*** la II Guerra Mundial.

Hoy ***he estudiado*** todo el día.
Este año ***hemos visitado*** muchos países europeos.
Durante 1991 ***ha habido*** muchos cambios políticos en el mundo.

Pretérito Perfecto

Yo ***he visitado***
Tú ***has visitado***
Él/Ella ***ha visitado***
Nosotros/as ***hemos visitado***
Vosotros/as ***habéis visitado***
Ellos/Ellas ***han visitado***

APRENDE A APRENDER:

- **Observad en los ejemplos anteriores en qué contexto se usa la forma del indefinido o la forma del pretérito perfecto.**
- **Tratad de recordar la regla** ***de uso.***
- **Consultad el tema con el profesor.**

3. En parejas:
Preguntad y responded según el modelo:

–¿Has ido alguna vez a España?
–Sí. Fui a España en 1989.

1. Ir a Colombia.
2 Visitar Acapulco.
3. Viajar al Amazonas.
4. Ir de vacaciones a la playa.
5. Visitar el Museo del Prado.
6. Salir de tu país.
7. Pasar las Navidades en casa.
8. Practicar el español con los amigos.

4. En grupos:

a) Anotad lo que habéis hecho cada uno durante la última semana.

b) Ordenad lo que habéis hecho en el grupo, según el esquema:

Primero: ....
Luego: ....
Después: ....
Finalmente: ....

c) Contad a toda la clase lo que habéis hecho.

d) Con las anotaciones de todos los grupos, escribid el *Diario del día* de la clase.

5. a) Escucha y subraya la sílaba sobre la que recae el acento tónico.

color	bici
canto	baño
contento	bonito
estación	derecha
encantado	levantarse

b) Observa la relación entre sílaba con acento tónico y vocal con acento gráfico:

_ _ _ _ _´	_ _ _ ´_ _	_ _ ´_ _ _
ca**fé**	**fá**cil	**fí**sico
fran**cés**	**rí**o	**mú**sica
can**ción**	**ár**bol	**Mé**xico
espa**ñol**	encan**ta**do	**nú**mero
come**dor**	auto**pis**ta	sim**pá**tico

c) Consulta las reglas de acentuación en una gramática de español.

4 ¿Eres capaz?

Tarea:

Crónica de sucesos de la semana en vuestro país:

a. Leed o repasad los diarios de la semana de vuestro país.

b. Seleccionad las noticias que consideréis de mayor interés.

c. Escribid en vuestro idioma un breve resumen de cada una.

d. Traducidlas al español y ordenadlas en forma de *crónica*.

¿QUIERES SABER MÁS?

Palabras relacionadas con el presente o que lo exigen: *(Pretérito perfecto)*	Palabras relacionadas con el pasado o que lo exigen: *(Pretérito indefinido)*
hoy	ayer
este mes	el mes pasado
esta semana	la semana pasada
este año	el año pasado
esta mañana	-----------------
por la mañana	por la mañana
por la noche	por la noche
esta noche	anoche
todo el día	el viernes (pasado)
siempre	siempre
nunca	nunca
ahora	entonces
	aquel día

España		Hispanoamérica
*Un **billete** para entrar, por ejemplo, en un museo*	→	*es un **boleto** en Hispanoamérica.*
*El **surtidor** de una gasolinera en España*	→	*es la **bomba** en una estación de servicio en México.*
*El **coche***	→	*es el **carro** en Hispanoamérica.*
*Una persona **baja** o **bajita** en España*	→	*es **chaparra** o **chaparrita** en Hispanoamérica.*
*Un/una **muchacho/a** en español estándar*	→	*es un/una **chamaco/a** en México.*

HECHOS HISTÓRICOS Y PASADOS

Jueves, 11 de octubre de 1492.

Navegaron hacia el oeste y encontraron mucho más mar del que habían visto en todo el viaje. Los de la carabela "Pinta" vieron una caña y un palo labrado y unas plantas de las que nacen en tierra. Con estas señales respiraron y alegráronse todos. Después de puesto el sol, siguieron navegando unas 900 millas más. Y como la carabela "Pinta" era más rápida e iba delante del Almirante, halló tierra e hizo las señales que el Almirante había mandado. El primero en ver tierra fue un marino que se decía Rodrigo de Triana.

Cristóbal Colón (Diario)

TEXTOS Y CANCIONES

Abril florecía
frente a mi ventana.
Entre los jazmines
y las rosas blancas
de un balcón florido,
vi las dos hermanas.
La menor cosía
la mayor hilaba...
entre los jazmines
y las rosas blancas,
la más pequeñita,
risueña y rosada,
-su aguja en el aire-,
miró a mi ventana.
La mayor seguía
silenciosa y pálida,
el huso en su rueca
que el lino enroscaba.
Abril florecía
frente a mi ventana.

Antonio Machado

¡Qué pena!

ÁREA TEMÁTICA:	Estados de ánimo. Cartas a una amiga.
APRENDERÁS A:	
Expresar estados de ánimo: gustos, preferencias, opinión, agrado, tristeza, indiferencia, pesar, rechazo:	*Los chicos prefieren a las peores chicas.* *Su sonrisa no me gusta nada. Pienso que tú eres muy guapa.* *¡Qué mal gusto tiene! ¡Qué pena! ¡Qué simpática es Marta!* *Lo siento por Juan. ¡No las soporto!*
Hablar de cosas personales, hechos pasados, experiencias:	*¿Has visto sus zapatos? ¡Son horribles!* *A Hugo todo le sienta bien.* *Mi madre sigue bien.* *He conocido a un chico majísimo.*
Expresar posesión: **Escribir cartas.**	*Es mi carta. Es la mía.*
GRAMÁTICA:	Formas de los posesivos (formas pospuestas). Algunas irregularidades verbales: diptongación **e > ie**. Formas irregulares del participio: ***visto.*** **¡Qué + nombre / adjetivo!** Partículas negativas en frases negativas: *No está nada mal.* Usos de **le, la, los, las, les** (complemento directo e indirecto).
LÉXICO:	Términos relativos a estados de ánimo. Frases y expresiones para escribir cartas.
ORTOGRAFÍA Y PRONUNCIACIÓN:	Entonación en frases afirmativas.
PÁGINA CULTURAL:	Usos y costumbres (la puntualidad y las citas). Poesía de León Felipe.

1 De entrada

1. Escucha y lee:

(Diálogo entre amigas)

Carmen: ¡Pues no sé qué tiene Pilar! Todos los chicos la miran a ella.
Lola: Es guapa de cara. Y a los chicos les atrae mucho su pelo rubio.
Carmen: Pero ¿has notado qué mal gusto tiene? Sus vestidos son vulgares. Los tuyos son mucho más elegantes y finos.
Lola: Gracias, Carmen. Eres una buena amiga. Pero Pilar va siempre a la última moda. Y tiene, además, un cuerpo bonito, es delgada, todo le sienta bien.
Carmen: No es verdad. ¿Has visto sus zapatos? ¡Son horribles! ¿Te has fijado en su mirada?
Lola: Sí, eso sí. Sus ojos no inspiran confianza. Y su sonrisa parece siempre falsa.
Carmen: Es verdad. Su sonrisa es desagradable, no me gusta nada.
Lola: Los chicos no saben lo que quieren. Siempre prefieren a las peores chicas.
Carmen: ¡Qué sed tengo! ¿Tú no? ¿Tomamos algo?
Lola: ¡Venga, vámonos! Pero pienso que tú eres más guapa que Pilar. Lo siento por Rafael. ¡Qué pena! Él no piensa igual, ¿verdad? ¡Peor para él!

(Diálogo entre amigos)

Paco: ¡Mira, mira! Ahí vienen tus amigas Carmen y Lola.
Rafael: ¿Mis amigas?
Paco: Sí, claro. Y mira qué guapa va Carmen hoy.
Rafael: Prefiero a Pilar. Es diferente, otra cosa.
Paco: Pues Carmen no está nada mal. Además es una buena chica, muy estudiosa y seria.
Rafael: Pero siempre va con esa Lola al lado. A ésta no la soporto. Siempre está criticando a las demás.
Paco: ¿Las invitamos?
Rafael: Ahora no puedo quedarme. Lo siento. Tengo examen de matemáticas esta tarde.

2. Escucha el diálogo anterior y responde:

1. ¿Son amigas Lola y Carmen?
2. ¿Qué no les gusta de Pilar a Carmen y a Lola?
3. ¿Por qué considera Lola que Pilar es guapa?
4. Según Lola, ¿por qué Carmen es más guapa que Pilar?
5. ¿Por qué no le gusta a Carmen la sonrisa de Pilar?
6. ¿En qué piensan igual Lola y Paco sobre Carmen?
7. ¿Por qué a Rafael no le gusta Carmen?
8. ¿Cómo se disculpa Rafael para no invitar a Carmen y a Lola?

Los chicos *prefieren* a las peores chicas.
¿Has visto *qué mal gusto* tiene?
¡Sus zapatos son horribles!
Su sonrisa *no* me gusta *nada*. Es desagradable.
***Pienso que* tú eres más guapa.**
¡Qué pena!
¡Qué sed tengo!

APRENDE A APRENDER:

Lee, repite y observa las frases anteriores: ¿cómo se dice lo mismo en tu idioma? Tradúcelas.

3. En parejas:
Representad el papel de Carmen y Lola, o de Rafael y Paco, y leed los diálogos.

4. Escucha y lee:

Consuelo: Hay una carta para ti.
María: ¿Una carta? ¿De quién es?
Consuelo: De tu amiga venezolana.
María: ¿De Sara? ¡Qué sorpresa y qué alegría! A ver, a ver, ¿dónde está?
Consuelo: Aquí la tienes.
María: (*abre la carta*) ¡Qué simpática es Sara!

Sara Pacheco
Avenida Casanova,
Torre Oeste, Piso 2
Caracas

Caracas, 25 de mayo de 1994

María Hurtado
C/ Del Rosario 25
28006 Madrid

Querida amiga:
¡Hola! ¿Cómo estás? Llevo tanto tiempo sin recibir noticias tuyas... ¿Cómo has pasado las vacaciones de Semana Santa? ¿Has viajado mucho?
En mi familia las cosas siguen igual. Mi padre está muy bien en su nuevo trabajo. ¿Y el tuyo? ¿Ya ha vuelto a Madrid o trabaja todavía en Sevilla? Mi madre también sigue bien; le gusta mucho dar clases a los niños pequeños.
Pero mi vida sí ha cambiado bastante. ¿La tuya también? Desde hace seis semanas tengo novio. He conocido a un chico majísimo. Se llama Carlos y vive también en Caracas. Nos conocimos en la fiesta de unas amigas y enseguida nos gustamos uno a otro. Ahora no sé qué me pasa, pero estoy muy alegre y me siento feliz. El mundo parece mejor, la gente parece más buena... ¡Todo es maravilloso y lindo!
¿Y tú? ¿Qué es de tu vida? Espero pronto noticias tuyas.
Un abrazo y besos de tu amiga

Sara

5. Lee de nuevo la carta y anota si las frases son Verdaderas o Falsas:

	V	F
1. Sara ha viajado con frecuencia a Madrid.	❑	❑
2. La madre de Sara es profesora.	❑	❑
3. A María le gusta el novio de Sara.	❑	❑
4. Carlos es amigo de Sara y de María.	❑	❑
5. El padre de María trabaja fuera de Madrid.	❑	❑
6. María y Sara se conocieron hace seis semanas en Caracas.	❑	❑
7. María escribió a Sara en Semana Santa.	❑	❑

2 De refuerzo

Verbos que desdoblan la vocal de la raíz (e > ie)

Sentir, preferir, querer, pensar diptongan la vocal de la raíz en algunos casos, como en el presente de indicativo: *Siento, prefiero, quiero, pienso.*

Esta irregularidad no afecta al participio pasado: *sentido, preferido*, etc.

Ver **tiene forma irregular en el participio pasado:** ***visto.***

¿Has visto sus zapatos?

¡Qué **mal / buen gusto!**
¡Qué **agradable es Marta!**
¡Qué **pena!**

Pues Carmen ***no está nada mal.***

1. Pon el verbo que está entre paréntesis en la forma adecuada:

1. ¿Qué .... *(pensar)* Rafael de Carmen?
2. Los chicos .... *(preferir)* jugar al fútbol.
3. Lo .... *(sentir)* mucho por ella.
4. ¿.......... *(querer, tú)* venir con nosotras al campo?
5. Hugo .... *(pensar)* que su novia es inteligente.
6. .... *(preferir*, yo) ir al cine los domingos por la tarde.
7. ¿.......... *(sentir*, tú) amor por él?
8. Nosotras .... *(pensar)* lo mismo de la película.
9. Mis amigas .... *(querer)* trabajar, pero no pueden.
10. ¿Qué .... *(preferir*, tú) para cenar?

2. Transforma, según el modelo:

–Paco tiene mal gusto.
–¡Qué mal gusto tiene Paco!

1. Isabel tiene buenas amigas.
2. Sus padres son jóvenes.
3. Carmen es guapa.
4. Pilar está cansada.
5. Laura es inteligente.
6. Juan está enamorado.
7. El pastel es dulce.
8. Tus amigas son delgadas.

3. Haz frases según el modelo:

–¿Es feliz?
–No, no es nada feliz.

1. ¿Es simpática tu amiga?
2. ¿Son amables los camareros?
3. ¿Es morena la niña?
4. ¿Es muy alto el joven?
5. ¿Están tristes tus amigos?
6. ¿Está contenta tu madre?
7. ¿Es interesante el libro?
8. ¿Es moderno aquel edificio?

4. En parejas:
Escribid cinco o más adjetivos referidos a:

El vestido.
Tu mejor amigo/a.
Los libros.
El deporte.
La música rock.
El mundo ideal.

5. Responde a cada frase con una de las expresiones del recuadro:

¡Qué pena! *¡Qué estudiosa!* *¡Qué vestido tan elegante!* *¡Qué guapa!* *¡Qué mirada!*	*¡Qué bueno es!* *¡Qué baratos!* *¡Qué zapatos tan horribles!* *¡Qué sorpresa!*

1. María es la primera de la clase; estudia mucho. ....
2. El regalo es muy bonito. ¡No lo esperaba! ....
3. Los zapatos no van bien con su vestido. ....
4. Todos los chicos se paran a mirarla. ....
5. Teresa lleva el vestido más bonito y elegante de la fiesta. ....
6. Rafael prefiere a Pilar, pero Carmen es mejor chica. ....
7. Estos pantalones sólo valen 2.500 pesetas. ....
8. Paco siempre ayuda a los demás. ....
9. Marta la miraba con odio en sus ojos. ....

Gramática

A Pilar todo *le* sienta bien.
A ellas todo *les* sienta bien.

Los chicos *la* miran (*a ella*).
Los chicos *las* miran (*a ellas*).

A Hugo todo *le* sienta bien.
A ellos todo *les* sienta bien.

Las chicas *le/lo* miran (*a él*).
Las chicas *los* miran (*a ellos*).

APRENDE A APRENDER:

Observa y analiza los ejemplos del recuadro anterior y escribe una regla que explique el uso de *le/lo/les, la/las, las/los.*

Pregunta al profesor, si es necesario.
¿Como se expresa lo mismo en tu idioma?

6. Completa con *le, lo, la, las, los:*

1. A tu amigo no ...... gusta viajar solo.
2. ¿...... gustan a ella los vestidos azules?
3. A tus amigos no ...... sienta bien el traje.
4. A Carmen ...... invitan siempre a las fiestas.
5. ¿...... apetece a usted tomar algo?
6. A Marta ...... critican mucho sus amigas.
7. Juan no es nada simpático. Sus amigos no ...... invitan.
8. A ellas ...... da igual.
9. Vive con sus padres, pero ...... ve sólo por la noche.

7. Responde con una frase:

1. ¿Es verdad que los chicos las prefieren rubias?
2. ¿Les gusta ir a esquiar el fin de semana?
3. ¿Les apetece venir con nosotros?
4. ¿La habéis visto en la plaza esta mañana?
5. ¿Quién los invitó a comer con nosotros?
6. ¿Qué le vas a comprar como regalo?
7. ¿A dónde los quieres llevar?
8. ¿Lo llevarás tú a la estación?

8. En parejas: Haced frases con palabras de dos o más columnas:

Ejemplo: *¿Les gusta la fruta fresca?*

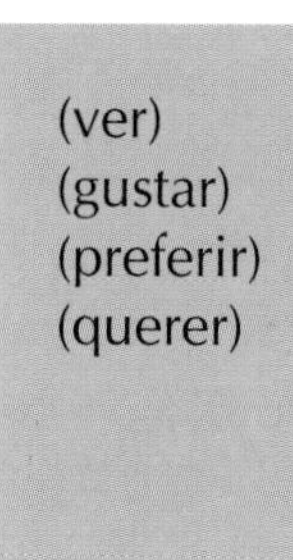
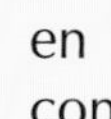

La	(ver)	en	(la) calle	con sus amigas.
Le	(gustar)	con	(el) pescado	morenas.
Las	(preferir)		(la) fruta	fresca.
Les	(querer)		Lupe	fresco.
Los			Pepe	inteligentes.
Lo			cara	estudioso.
			pelo	rubio.
			cuerpo	bonito.

9. Responde con frases del recuadro:

Me gusta mucho. / Me es indiferente. / Lo siento por él. / ¡Qué pena! / Les da igual. / Es un chico desagradable. / No me gusta nada. / ¡No las soporto!

1. Le saludo y le hablo todos los días, pero él no me mira.
2. Es guapo y simpático, pero está enfermo.
3. Carmen y Lola siempre critican a sus compañeras.
4. Su vestido es horrible.
5. Me gusta Luis, pero tiene pocos amigos: es poco amable con los demás.
6. Siempre pienso en él, de día y de noche.
7. Lola quiere salir conmigo, pero yo no siento nada por ella.
8. A ellos el estudio no les importa.

10. En parejas: Asociad cada frase a uno de los siguientes estados de ánimo:

alegría
desagrado
tristeza
preferencias
dolor
agrado
gustos
opinión
disculpa

1. ¡Me encanta esquiar!
2. Me duele mucho la espalda.
3. ¡Su pelo es horrible!
4. ¡Qué triste está Laura!
5. Lo siento, ahora no puedo salir.
6. Con mucho gusto.
7. Estoy muy contento y alegre.
8. Prefiero las chaquetas de color gris.
9. ¿Le gustan los chicos con ojos azules?
10. Piensan que es bueno escuchar música.

3 Toma la palabra

1. En parejas:
Observad las diferencias entre Carmen y Pilar.

a) Escribid cinco frases sobre cada una de ellas.

b) ¿Qué prefieres en Carmen o en Pilar? Díselo a tu compañero/a:

–En Carmen prefiero...
–En Pilar me gusta más...

2. En grupo:
Observad estos dos dibujos y anotad las diferencias. Luego comunicad los resultados a la clase.

Gramática

Expresión de la posesión (con el artículo antepuesto)

(El) **mío**	(La) **mía**	(Los) **míos**	(Las) **mías**	**(> yo, de mí)**
(El) **tuyo**	(La) **tuya**	(Los) **tuyos**	(Las) **tuyas**	**(> tú, de ti)**
(El) **suyo**	(La) **suya**	(Los) **suyos**	(Las) **suyas**	**(> él/ella/ellos/ellas, de él/ella/ellos/ellas, de usted/ustedes**
(El) **nuestro**	(La) **nuestra**	(Los) **nuestros**	(Las) **nuestras**	**(> de nosotros/as)**
(El) **vuestro**	(La) **vuestra**	(Los) **vuestros**	(Las) **vuestras**	**(> de vosotros/as)**

APRENDE A APRENDER:

Repasa todo lo que sepas sobre las formas de posesión en español. Luego,

a) Completa cada columna con las formas que correspondan, según el modelo:

Yo	mi	(el) mío	Nosotros	....	....
Tú	....	....	Vosotras	....	....
Él	....	....	....	....	ustedes
Ella	....	....	....	....	nosotras
Usted	....	....	....	....	vosotros

b) Traduce y anota las formas equivalentes en tu idioma.

3. En parejas:
Repasad el diálogo y la carta de 1.4 y subrayad todas las formas de posesión que encontréis.

4. Completa las frases con la forma adecuada que exprese posesión:

1. ¿Es tu carta? *–Sí, es la mía. Es mi carta.*
2. ¿Son sus maletas?
3. ¿Es su habitación?
4. ¿Es vuestro colegio?
5. ¿Es nuestra calle?
6. ¿Son vuestros amigos?
7. ¿Es tu blusa?
8. ¿Son tus zapatos?
9. ¿Es nuestro profesor de español?
10. ¿Es vuestra compañera de clase?

5. En parejas:
Haced preguntas y responded según el modelo:

A. *–¿Es mío este libro?*
B. *–No, no es tuyo, es de (Teresa...)*

1. Carnet de identidad.
2. Billete.
3. Dinero.
4. Moneda.
5. Maletas.
6. Bolso.
7. Regalos.
8. Reloj.

6. En grupo:
Completad esta carta con elementos del recuadro:

amigo / crees / me gusta / yo / cerca de / como / a mí / me / él / también / mejor

¡Hola, ...! No sé lo que hacer. .... un chico desde hace bastante tiempo y creo que yo .... le gusto a él. Va al mismo colegio que .... y vive .... mi casa. Lo veo en invierno y en verano y me encuentro con .... a menudo. Me gustan también otros chicos, pero .... él, ninguno. Cuando paso, él .... mira, aunque dudo si él me mira .... o a mi amiga. Creo que a mí. Y a ella también. ¿.................. que debo dar yo el primer paso? ¿O es .... esperar?

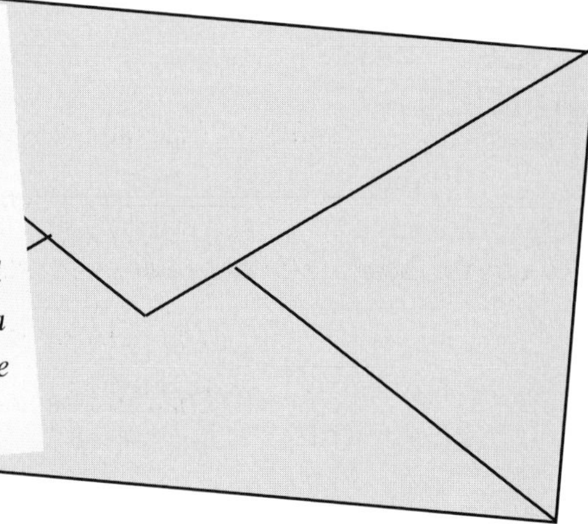

4 ¿Eres capaz?

Tarea:

a. Lee o consulta una revista que te guste.

b. Elige la sección de *Cartas al Director* o *Buzón del Lector*.

c. Selecciona una de esas cartas.

d. Léela y escribe tú mismo una carta de respuesta. Mira el modelo de carta de la Unidad y pon bien el encabezamiento y el final.

¿QUIERES SABER MÁS?

Estados de ánimo

triste	alegre	
contento	descontento	
dolorido	apenado	enfadado
nervioso	tranquilo	intranquilo
agradable, amable		desagradable
desagradecido	agradecido	
simpático	antipático	insoportable
apenado	entristecido	afligido
optimista	pesimista	preocupado
aburrido		pesado

España		Hispanoamérica
Quien en España está ***enfadado,***	→	*en Hispanoamérica está* ***enojado.***
Un ***amigo***	→	*suele ser un* ***compadre*** *en Hispanoamérica.*
Lo que en España y en otros países es ***estupendo,***	→	*en Venezuela y Colombia es* ***chévere.***
Una persona ***simpática***	→	*es una persona* ***dije*** *en Bolivia y Chile.*
Enamorarse *equivale a*	→	***encamotarse*** *en varios países de Hispanoamérica.*

¿Dónde se encuentran, se relacionan y conocen los jóvenes y las jóvenes en el mundo de habla española? Son muchos los que se conocen en el lugar en que estudian: el colegio, la universidad.

Algunos organizan de vez en cuando fiestas en su casa e invitan a amigos y amigas. Pero en España esto es poco frecuente. Lo más normal es salir juntos amigos y amigas: van al campo, a la playa, a la discoteca, al cine, a hacer algún deporte o a tomar tapas.

Si un joven y una joven salen habitualmente juntos, **se citan** para encontrarse. En la mentalidad española se suele dar por sabido que la joven llega con algún retraso. El joven debe ser más puntual. La **puntualidad** en las citas se guía por usos típicamente hispanos, a diferencia de lo que ocurre en otras culturas: si dos personas se citan, por ejemplo, a las cinco de la tarde, esto quiere decir que se verán **hacia las cinco**: a las cinco y diez, a las cinco y cuarto e incluso a las cinco y media; más de 30 minutos sería ya excesivo para la mayoría de las personas. Es decir, las citas son flexibles en cuanto al tiempo. Pero también hay muchas personas que son puntuales y a quienes no les gusta llegar tarde. La puntualidad es menos flexible en el área de los negocios y del trabajo; faltar a ella puede causar serios problemas.

TEXTOS Y CANCIONES

Poesía

¡Qué lástima!

¡Qué lástima
que yo no pueda cantar a la usanza
de este tiempo lo mismo que los poetas hoy cantan! (...)
¡Qué lástima
que yo no tenga una patria!
Sé que la historia es la misma, la misma siempre, que pasa
desde una tierra a otra tierra, desde una raza
a otra raza,
como pasan
esas tormentas de estío desde ésta a quella comarca.
¡Qué lástima
que yo no tengo una casa!...
Y ¡qué lástima que yo no tenga siquiera una espada!

León Felipe

12 UNIDAD

Se dice que...

ÁREA TEMÁTICA: Hablando de cantidades.

APRENDERÁS A:

Hablar de acciones habituales: *Solemos dormir una media de ocho horas diarias.*

Expresar cantidades en distinta gradación:
–¿Cuánto pan necesita?
–Necesito bastante pan.
–¿Cuántos kilos de azúcar desea?
–Quiero cinco kilos (de azúcar).

Referirse a los hechos de manera impersonal:
En España se suele tomar un aperitivo.
Aquí se come bien.

GRAMÁTICA: Partículas para expresar cantidad:
¿Cuánto.....?
Un poco / bastante / mucho.
Presencia o ausencia del artículo antes del sustantivo en expresiones de cantidad.
Gerundio: ***comiendo, durmiendo...***
Se + verbo.
Algunos participios irregulares: *visto, hecho...*
Lo (objeto directo): posición en tiempos compuestos *(Lo he visto).*

LÉXICO: Ámbito de los alimentos, dietas, costumbres cotidianas.

ORTOGRAFÍA Y PRONUNCIACIÓN: Grafía y sonido de **w** e **y.**

PÁGINA CULTURAL: Usos y costumbres del mundo hispano: invitaciones y siesta.
Texto literario de G. García Márquez.

1 De entrada

1. Escucha y subraya todos los verbos precedidos de *se:*

Julia: Escucha esto, Inés: "Durante su vida una persona suele comer unas 50.000 veces. Cada comida dura una hora, más o menos. Por lo tanto, consumimos más de seis años de nuestra vida en comer. ¿Y en dormir? El sueño nos quita más de 23 años de vida". ¿Lo has oído?

Inés: Sí, eso quiere decir que pasamos casi la mitad de nuestra vida comiendo y durmiendo.

Julia: Todavía hay más: "Los españoles solemos dormir una media de ocho horas y diecisiete minutos al día, casi una hora más que en Grecia. En Grecia sólo duermen siete horas y veintiún minutos diarios". ¿Has visto qué interesante?

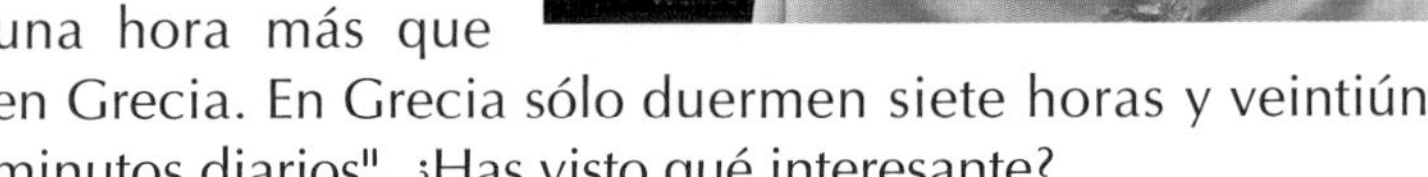

Inés: Pues sí. Entonces los españoles trabajamos menos, ¿no?

Julia: Tampoco. En España se trabaja tres horas y cuarenta y cinco minutos de media diaria; unos once años de nuestra vida, en total. En Inglaterra, sólo tres horas.

Inés: Entonces, ¿qué hacemos en España? ¿Ver la televisión?

Julia: No. En esta encuesta se dice que los españoles vemos la televisión tres horas y dieciocho minutos de media al día y en Inglaterra, tres horas y cincuenta minutos...

Inés: Somos un país raro, ¿no te parece?

2. En parejas:

a) Leed de nuevo el diálogo anterior y elegid el título que consideréis más adecuado:

El gran sueño de los Españoles

Se duerme más que se trabaja

¿Prefiere usted vivir o trabajar?

***La vida es sueño*, como decía un gran escritor español, Calderón de la Barca.**

SE VIVE PARA COMER

b) Comunicad vuestra elección a la clase y decid el porqué.

3. **Leed de nuevo lo que dice Julia en el diálogo anterior, y resumid cada intervención suya en una frase.**

1. – .... 3. – ....
2. – .... 4. – ....

4. **En parejas:**
Buscad en el diálogo anterior las siguientes palabras y

a) Definidlas con otras palabras que ya conocéis:

suele: ....
(el sueño) nos quita: ....
en total: ....
unas (50.000) veces: ....
de media (diaria): ....
(3 horas 45 minutos) al día: ....
encuesta: ....
tampoco: ....

b) Traducidlas a vuestro idioma.

5. **Lee y completa con las palabras del recuadro:**

cenar	*restaurantes*	*se*	*a*	*las*	*suele*	*con*	*tomar*	*puede*	*comer*	*las*	*estar*

En comparación con otros países europeos, en España se suele comer y .... tarde. Lo más normal es comer .... dos (14.00) de la tarde. En los restaurantes se .... comer también más tarde, sobre todo en las ciudades. En el verano los restaurantes suelen .... abiertos para la comida hasta las 4, especialmente en lugares turísticos. En las familias españolas se .... cenar entre 9 y 10 de la noche. En los restaurantes se admite gente hasta .... 11 o más de la noche.

Comer en los .... es frecuente en España, muy especialmente los domingos y días de fiesta. También es muy normal y habitual tomar algo antes de ...., en los bares, en los restaurante o en casa: es el aperitivo. Como aperitivo se suele .... una cerveza, un vermut, un vino fino (de Jerez), una tónica o una bebida sin alcohol. Siempre ..... acompaña la bebida .... tapas (pequeña cantidad de comida) de diversas clases: queso, jamón, pescado, etc.

6. **¿Qué suelen hacer los españoles y a qué hora? Lee, compara con lo que suele hacerse en tu país y anótalo en el recuadro:**

	Se levantan	Desayunan	Empiezan a trabajar	Comen	Cenan	Se acuestan
España	8.00	8.30	9.00	13.30/14.00	21.30	0.15
En tu país						

2 De refuerzo

Gramática

Participio Pasado

leer	*leído*
dormir	*dormido*
escuchar	*escuchado*
ser	*sido*

Pero algunos verbos forman el participio pasado de manera irregular:

ver	*visto*
decir	*dicho*
hacer	*hecho*

1. Responde según el modelo:

–¿Sueles dormir mucho?
–Sí, hoy he dormido ocho horas.

1. ¿Soléis ver la televisión por la tarde?
2. ¿Sueles hacer los ejercicios?
3. ¿Estudian español?
4. ¿Sueles escuchar las noticias del día?
5. ¿Ves las películas de Saura?
6. ¿Soléis trabajar toda la mañana?
7. ¿Lees esta novela?
8. ¿Oís ruido por la noche?

2. Practica con tu compañero/a siguiendo el modelo:

–¿Qué sueles comer a mediodía?
–A mediodía suelo comer .... (carne con patatas fritas, etc.).
Hoy he comido carne con patatas fritas.

1. Ver en la televisión por la noche.
2. Tomar para desayunar.
3. Hacer después de comer.
4. Tomar como aperitivo.
5. Escuchar en la radio.
6. Hacer en casa por la tarde.
7. Leer los fines de semana.
8. Hacer en vacaciones.

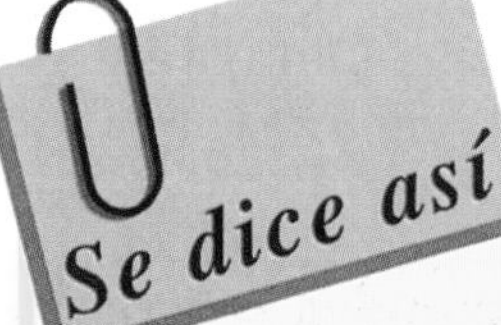

Para expresar cantidad o cantidades

–¿Cuántos kilos de azúcar desea?	*–Quiero **cinco** kilos.*
–¿Cuánto pan necesita?	*–Necesito sólo **una** barra de pan.* *–Necesito **bastante** pan.* *–Necesito **un poco** de pan.* *–Necesito **mucho** pan.*
–¿Cuánta leche sueles tomar por las mañanas?	*–Tomo **un** vaso de leche.* *–Tomo **poca** leche.* *–No tomo leche.* *–Tomo **medio litro** de leche.*

APRENDE A APRENDER:

Observa que, para expresar cantidad o cantidades, el español puede usar o no el artículo precediendo al nombre: el hecho depende de si la cantidad a la que nos referimos es contable (*un vaso, una barra...*) o no contable (*bastante, ø –Tomo leche*).

Explica por qué se usa o no se usa el artículo en cada uno de los ejemplos del recuadro anterior.

3. Escucha y asigna a cada producto el número que le corresponde según el dibujo:

a) Frutas y verduras:

manzana
pera
lechuga
piña
naranja
tomate
judías verdes

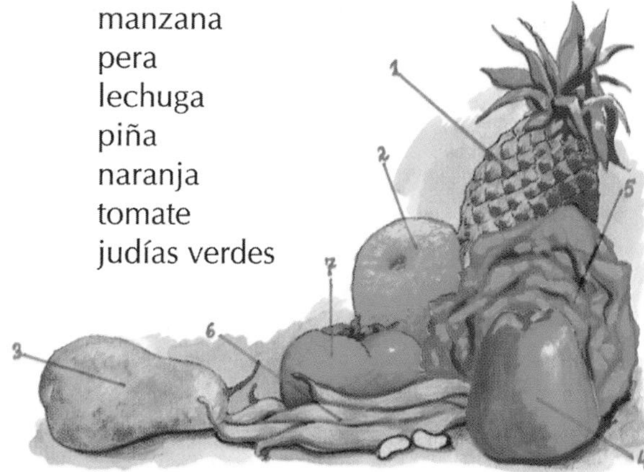

c) Carnes y pescados:

salmón
filete de ternera
solomillo de ternera/buey
pollo
costillas de cordero
trucha
sardinas

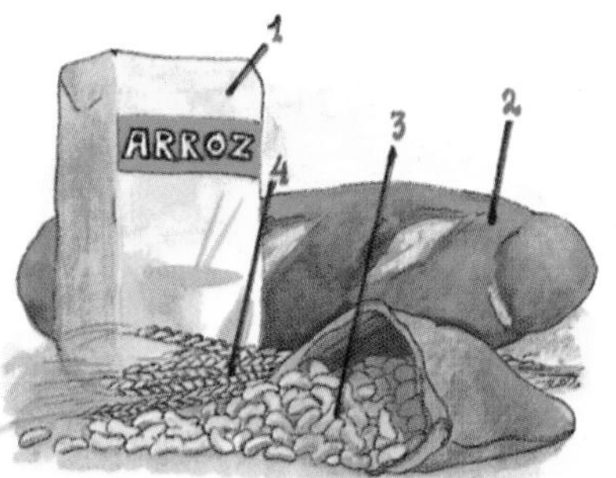

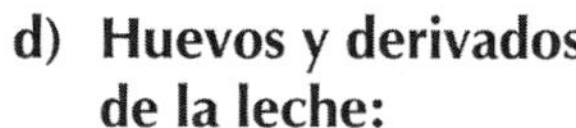

b) Legumbres y cereales:

arroz
alubias
trigo
pan

d) Huevos y derivados de la leche:

huevos
queso
mantequilla
yogur
nata
leche

4. Haz una pregunta según el modelo:

–Por la mañana tomo un vaso de leche.
–¿Cuántos vasos de leche tomas por las mañanas?

1. De postre come una manzana.
2. Necesita tomar mucha leche.
3. Ayer compré un kilo de naranjas.
4. Suelen tomar bastante pan para comer.
5. Tomaste dos vasos de zumo.
6. Desea usted tomar un filete de ternera.
7. Usted necesita beber mucha agua con las comidas.
8. Los niños toman dos yogures al día.

5. En parejas: Preguntad y responded según el modelo:

A. *–Me gusta(n) el/la/los/las* ....
B. *–¿Sí? ¿Y cuánto/a/os/as suele .... (tomar, comer, etc.)?*

1. peras ....
2. pescado ....
3. agua ....
4. plátanos ....
5. verdura ....
6. queso ....
7. ensalada ....
8. arroz ....

3 Toma la palabra

1. En grupos:
¿Coméis lo que necesitáis...? Leed:

El ser humano necesita de 2.000 a 2.500 calorías por día:
Éstas son las calorías de algunos alimentos:

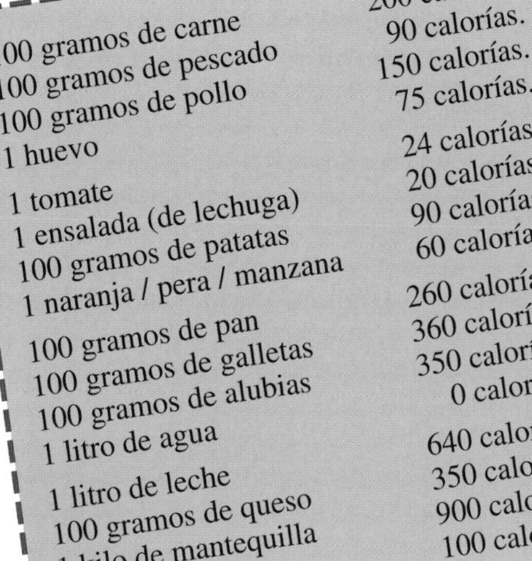

100 gramos de carne	200 calorías.
100 gramos de pescado	90 calorías.
100 gramos de pollo	150 calorías.
1 huevo	75 calorías.
1 tomate	24 calorías.
1 ensalada (de lechuga)	20 calorías.
100 gramos de patatas	90 calorías.
1 naranja / pera / manzana	60 calorías.
100 gramos de pan	260 calorías.
100 gramos de galletas	360 calorías.
100 gramos de alubias	350 calorías.
1 litro de agua	0 calorías.
1 litro de leche	640 calorías.
100 gramos de queso	350 calorías.
1 kilo de mantequilla	900 calorías.
1 vaso de vino	100 calorías.

a) Haced una lista de lo que coméis cada día.

b) Calculad las calorías que tiene lo que coméis.

2. En parejas:
Consultad el cuadro anterior y responded:

1. ¿Cuántas calorías tiene un huevo?
2. ¿Cuántas calorías tienen 100 gramos de pan?
3. ¿Cuántas calorías tiene una manzana?
4. ¿Cuántas calorías tienen 100 gramos de pescado?
5. ¿Cuántas calorías tienen 100 gramos de carne?
6. ¿Cuántas calorías tienen 100 gramos de pollo?
7. ¿Cuántas calorías tiene 1 litro de leche?

3. En parejas:
Con la información del cuadro anterior, anotad lo que deben o pueden comer cada una de estas cinco personas:

Laura: desea un menú de 2.300 calorías diarias.

Luis: quiere comer 3.000 calorías al día.

Pilar: no quiere pasar de 2.000 calorías al día.

Juan: no debe comer más de 2.500 calorías al día.

Lupe: necesita solamente 1.850 calorías al día.

Para referirnos a una acción de manera impersonal, en español usamos la estructura Se + Verbo (en 3ª pers. sing.).

Se + { ***come*** / ***suele tomar el aperitivo*** / ***acompaña la comida con...*** / ***puede comer*** / ***necesita***

APRENDE A APRENDER:

En grupo:
¿Cómo se expresa una acción impersonal en vuestra lengua?

a) **Anotad cinco ejemplos.**

b) **Traducidlos al español.**

c) **Leedlos a la clase o escribidlos en la pizarra.**

4. En parejas:

a) **Leed de nuevo el texto de 1.5 y subrayad todos los verbos en forma impersonal.**

b) **Preguntad y responded según el modelo:**

–¿No comemos bien aquí?
–Sí, aquí se come bien.

1. Dormir bien en esta casa.
2. Cenar tarde.
3. Ir pronto a la cama.
4. Desayunar poco.
5. Estudiar mucho.
6. Tomar el aperitivo.
7. Necesitar trabajar más.
8. Beber demasiada agua.

5. En grupos:
Añadid un adjetivo a cada una de las palabras siguientes:

restaurante (Ejemplo: *bueno, agradable, caro, barato...*)
fruta ....
aperitivo ....
coca-cola ....
queso ....
carne ....
ensalada ....
mantequilla ....
plátano ....
pescado ....
pollo ....
patatas ....

6. En parejas:
Escribid frases según el modelo y luego leedlas a la clase.

En mi país solemos levantarnos a las ... (6.30 de la mañana).

....

....

....

....

....

....

....

....

7. En grupo:
Preguntad lo que hace cada miembro del grupo diariamente:

A* pregunta a *B
***B* responde sólo *"Sí"* o *"No"*.**

Ejemplo: A. *–¿Sueles levantarte / Te levantas a las 7 todos los días?*
B. *–No.*

A. *–¿Te levantas a las 7.30?*
B. *–No / Sí.*

8. Las letras *w* e *y*.

a) La letra ***w*** se pronuncia como si fuera ***v*.** Es poco frecuente en español y aparece en palabras procedentes de otras lenguas, como el inglés: *wáter, wolframio.*

En otros casos , la ***w*** se pronuncia como en la lengua de la cual se ha tomado: *whisky* [hwíski] o se adapta a las secuencias similares en español: [gwíski].

b) La letra ***y*** (= i griega) se pronuncia:

- Como la vocal ***i*:**
Escucha y repite:

estoy	soy
jersey	hay
hoy	rey

- Como la ***ch*** pero de carácter sonoro, si inicia la palabra:
Escucha y repite:

yo	ya
yoga	yogur

- El sonido es aún más suave, casi con carácter semivocal, si es intermedio:
Escucha y repite:

mayo	mayor
los mayas	haya

4 ¿Eres capaz?

Tarea:

Los usos y costumbres de la clase

a. Elabora una encuesta que incluya:
- La cantidad de horas que cada uno duerme.
- El tiempo dedicado al cuidado y aseo del cuerpo.
- El trabajo hecho en casa.
- El tiempo que ve la televisión.
- El tiempo para leer el periódico.
- El tiempo dedicado al descanso.
- Las horas de trabajo.
- El tiempo dedicado a estar con los/las amigos/as.
- La hora en que se levanta y se acuesta cada uno/a.

b. Pasa la encuesta a cinco de tus compañeros/as de clase.

c. Anota los resultados y comunícalos a la clase.

¿QUIERES SABER MÁS?

Actividades, usos y costumbres habituales.

levantarse — lavarse
ducharse — enjabonarse
bañarse — limpiarse
secarse — asearse

ir... al trabajo — a comer
a cenar — a dormir / acostarse
a un restaurante — al supermercado

saludar (a alguien) — despedirse (de alguien)

ir... al cine / al teatro
al fútbol / a jugar al tenis /
a jugar al baloncesto / a patinar
a la discoteca / a hacer deporte / a esquiar
de compras / de fiesta / de juerga

ir... al campo / a la montaña
a la playa / a la ciudad

España	Hispanoamérica
*Los españoles y el resto de hispanohablantes comen **pollo,***	*mientras en México se come **ave.***
*En España se toma un **baño.***	*En Hispanoamérica uno se toma una **bañada.***
*En España **se coge el autobús.***	*En Hispanoamérica **se toma el bus, la guagua...***
*Los españoles usan el **coche.***	*Los hispanoamericanos prefieren usar el **carro.***
*En España hay mucho **paro.***	*En Hispanoamérica hay gente **desocupada.***
*En España se tiene **pereza.***	*Los hispanoamericanos tienen **flojera.***

Invitar a alguien no se hace de la misma manera en todas las culturas. En la cultura hispana, si deseamos invitar a alguien de verdad, es necesario insistir varias veces. El invitado dirá a menudo que **no** la primera vez. Este **no** no significa que no quiera aceptar, sino que espera que el otro insista para asegurarse de que éste **quiere realmente invitarle**. Si la invitación no se repite, es señal de que se trata de un acto formal, es decir, una cortesía, sin más implicaciones.

La siesta es una institución en España. En los países mediterráneos el desayuno suele ser ligero y la comida del mediodía, abundante. Además, en verano hace bastante calor. Por eso es costumbre descansar después de comer, durante media hora o una hora. Para dormir la siesta no es necesario acostarse en la cama. Muchos la hacen adormilados en el sofá, en un sillón o en cualquier sitio.

TEXTOS Y CANCIONES

Desayunaba en familia, pero con un régimen personal: una infusión de flores de ajenjo mayor, para el bienestar del estómago y una cabeza de ajos cuyos dientes pelaba y se comía uno por uno (...).
Almorzaba casi siempre en su casa, hacía una siesta de diez minutos sentado en la terraza del patio, oyendo en sueños las canciones de las sirvientas bajo la sombra de los mangos. (...) Luego leía durante una hora los libros recientes, en especial novelas y estudios históricos, y le daba lecciones de francés y de canto al loro doméstico que desde hacía años era una atracción local...

Gabriel García Márquez,
El amor en los tiempos del cólera

Unidad de revisión y autoevaluación

Puntuación:

I.	Comprensión oral:	15
II.	Comprensión escrita:	15
III.	Expresión oral y escrita:	25
IV.	Gramática y léxico:	25
	Total	80

I. Comprensión oral (15 puntos)

1. Escucha y anota: ¿qué artículo no compra Luis? (3 p.)

a) patatas
b) queso
c) carne
d) merluza
e) zumo de piña

2. Escucha y ordena las acciones de Antonio. (3 p.)

se levantó
salió de casa
eran las ocho
Antonio dormía
se duchó
compró el periódico
desayunó
le despertó un ruido

3. Escucha y anota las fechas. (3 p.)

a) ....
b) ....
c) ....
d) ....
e) ....

4. Escucha y completa el currículo de Vicente. (3 p.)

Vicente .... en 1964. .... en la escuela en 1970. A los 15 años .... el bachillerato. Cuatro años más tarde .... en la universidad. En 1988 .... los estudios de farmacia. Luego se .... a Inglaterra y allí .... dos años más. Desde 1990 trabaja en una farmacia, en Córdoba.

5. Escucha las conversaciones y anota a cuál se refiere el siguiente dibujo. (3 p.)

II. Comprensión escrita (15 puntos)

1. Lee esta conversación y contesta V (verdadero) o F (falso). (3 p.)

Rafael: ¿Qué has hecho este verano?
Inés: He estado en Kenia. Es un país maravilloso. ¿Has estado tú también en Kenia?
Rafael: No, nunca, pero estuve en Marruecos hace dos años.
Inés: ¿Y dónde has estado este verano?
Rafael: He visitado el norte de España. Es precioso. Tienes que visitarlo.
Inés: El año pasado estuve en Santander. Visité las Cuevas de Altamira.
Rafael: Son maravillosas. ¿Estuviste en la Universidad de Verano?
Inés: Sí, asistí a un curso de lengua y cultura inglesa. Fue muy interesante y divertido.

	V	F
a) Inés ha estado en Kenia.	❑	❑
b) Inés se ha aburrido en Kenia.	❑	❑
c) Rafael estuvo hace dos años en Marruecos.	❑	❑
d) Rafael e Inés han pasado el verano juntos.	❑	❑
e) Este verano Rafael no ha salido de España.	❑	❑

2. ¿Cuál de las siguientes expresiones indica opinión? (3 p.)

a) Las chicas prefieren a los chicos morenos.
b) Pienso que es una persona muy inteligente.
c) ¡Qué pena!
d) Lo siento por él.
e) ¡No te soporto más!

3. Ordena los párrafos de la siguiente carta. (3 p.)

Ella le dará más detalles, como la hora y fecha de nuestra próxima entrevista.

Reciba un cordial saludo.

Tengo el placer de informarle que ha sido usted seleccionado para el puesto de director adjunto.

Estimado Sr. Rodríguez:

Atentamente.

Póngase usted en contacto con mi secretaria, Sra. Espinet, para confirmar su aceptación del trabajo.

4. Relaciona las frases de cada columna. (3 p.)

a) Esta camisa sólo cuesta 2.500 ptas.
b) Teresa viste siempre muy bien.
c) Juan siempre pone las cosas en su sitio.
d) Toñi trabaja hasta muy tarde.
e) Silvia ha ganado un concurso de belleza.

1) ¡Qué ordenado!
2) ¡Qué trabajadora!
3) ¡Qué guapa es!
4) ¡Qué elegante!
5) ¡Qué barata!

5. Lee el siguiente texto y comprueba con la agenda de Charo: ¿qué no hizo Charo? (3 p.)

El lunes por la mañana Charo estuvo en el dentista. El martes tuvo todo el día dolor de muelas y no pudo salir a ninguna parte. El miércoles y el jueves por la noche se quedó en casa jugando a las cartas con sus vecinos y amigos Juan, Encarna e Irene. El viernes salió a cenar con su hermana Conchita a un restaurante argentino. El fin de semana lo pasó descansando en la casa de campo de sus padres, con sus hermanos.

lunes	martes	miércoles	jueves	viernes	sábado	domingo
dentista	cine		cena con Alberto		compras	

III. Expresión oral y escrita (25 puntos)

1. Escucha estas respuestas y haz las preguntas adecuadas. (5 p.)

a) ....
b) ....
c) ....
d) ....
e) ....

2. Completa estas frases. (5 p.)

a) A las 8 de la mañana ....
b) En este restaurante ....
c) ¿ .... el pasado fin de semana?
d) En España, mucha gente después de comer ....
e) ¿ .... esta tarde?

3. Anota lo que dirías en cada situación. (5 p.)

a) ....
....

b) ....
....

c) ....
....

d) ....
....

e) ....
....

4. Recuerda tus últimas vacaciones y escribe una carta a un amigo/a contándole: (5 p.)

- Cómo era el lugar.
- Con quién fuiste.
- Cuánto tiempo estuviste.
- Lo pasaste bien.
- Le recomiendas el lugar a tu amigo/a.

5. Observa este cuadro, escucha y responde a las preguntas. (5 p.)

a) ....
b) ....
c) ....
d) ....
e) ....

Melocotones	200 Ptas./Kg.
Naranjas	165 Ptas./Kg.
MERLUZA	1.670 Ptas./Kg.
Barra de PAN	45 Ptas.
Peras	220 Ptas./Kg.

IV. Gramática y léxico (25 puntos)

1. Completa con *más/menos ..... que/tan(to) ..... como.* (5 p.)

a) Los perros son .... grandes .... los gatos.
b) Una silla es .... cómoda .... un sofá.
c) Suiza es .... pequeña .... España.
d) Se ha puesto .... rojo .... un tomate.
e) El hierro es .... duro .... el diamante.

2. Escribe una frase con los elementos siguientes usando el imperfecto. (5 p.)

a) Antes - él - levantarse - a las siete ....
b) Los - sábados - (yo) - ir - al - cine. ....
c) En - agosto - (tú) - estar - en - Ibiza ....
d) Ayer - me - (ella) - decir - esto ....
e) Él - bañarse - en - la - piscina ....

3. Completa con las formas auxiliares del pretérito perfecto y con las terminaciones adecuadas. (5 p.)

a) Su madre le .... regalad...... una pulsera de oro.
b) Ellos .... jugad..... al fútbol.
c) Juan .... celebrad..... su cumpleaños.
d) Cristina .... terminad..... sus deberes.
e) Pedro .... decidi..... no venir.

4. Completa con el pretérito indefinido. (5 p.)

a) Los alumnos (*leer*) .... todo el libro.
b) El niño (*jugar*) .... en el patio.
c) El camarero (*servir*) .... la comida.
d) Mi padre (*llegar*) .... al trabajo tarde.
e) Ellos no (*decir*) .... la verdad..

5. Escribe cinco palabras referidas a: (5 p.)

a) Frutas: ....
....
b) Verduras: ....
....
c) Bebidas: ....
....
d) Carnes/pescados: ....
....
e) Estados de ánimo: ....
....

Hoy no ha sido un buen día

ÁREA TEMÁTICA: Narración de sucesos. Mi diario.

APRENDERÁS A:

Leer, entender y narrar hechos o sucesos pasados: *A las 12 me llamó Sofía.* *Este año no he tenido suerte.*

Escribir sobre experiencias personales: *No es lo que tu piensas.*

GRAMÁTICA: Contraste de los tiempos del pasado (pretérito perfecto, pretérito indefinido y pretérito imperfecto):
Hoy no ha sido un buen día.
De repente todo cambió.
Quizás también estaban juntos.
El año pasado gané el premio de fin de curso.
Marcadores del pasado (***Hoy, este año, ayer,*** *etc.*).
Algunas irregularidades en las formas del pretérito indefinido.
Estructuras y modelos de relato.

LÉXICO: Expresión de amor.

ORTOGRAFÍA Y PRONUNCIACIÓN: Acento tónico y gráfico.

PÁGINA CULTURAL: Textos de "relato" (Onetti y Delibes).
Poesía de Federico García Lorca.

1 De entrada

1. **En parejas:**
Describid a esta joven y opinad:
- ¿Está triste o alegre?
- ¿Por qué?

2. **Escucha y lee:**

Mi diario - 15 de febrero, 1993.

Hoy no ha sido un buen día. Por la mañana me levanté de buen humor. Desayuné y estudié para preparar el examen de Matemáticas. Hice muchos problemas y repasé todo el programa de la asignatura. A las 12 me llamó Sofía. De repente todo cambió. La alegría y el buen humor se convirtieron en tristeza y rabia: Luis, mi novio, estaba con otra amiga mía, con Marta. ¿Cómo era posible? Luis no tenía ningún examen, no tenía nada que preparar. Entonces, ¿qué hacía con Marta? Ayer, Luis no estaba en casa; no contestaba nadie al teléfono. Y Marta tampoco estaba en casa. Quizás también estaban juntos. ¡No era posible! "Luis me está engañando", pensé. "Y me engaña con mi mejor amiga". Cogí el teléfono y llamé a Marta.

–"Hola, Marta. Querría hablar con Luis. Es urgente. ¿Está ahí, en tu casa?". Lo dije todo deprisa, sin pensarlo mucho.

–"Hola, Ana", me contestó. Estaba nerviosa. Su voz temblaba. "Pues sí. Luis está aquí. Bueno, también ha dormido aquí, en mi casa".

–"¿Cómo?", le contesté con rabia.

–"Sí, ha dormido aquí. Bueno, mañana te lo cuento todo. No es lo que tú piensas... es que tiene un gran problema en casa. Ha reñido con sus padres y ..."

O sea, que Luis tenía un problema y no me llamaba a mí, no venía a mi casa; iba a casa de otra chica... ¿Era esto amor? No, Luis no me amaba.

Ana

3. **Lee de nuevo el texto y anota:**

a) Lo que Ana dice de sí misma:

....

....

b) Lo que Ana dice de Luis:

....

....

Gramática

Uso del Pretérito Perfecto y del Pretérito Indefinido

Hoy no ***ha sido*** *un buen día.*
Hice *muchos problemas.*

Este año no he tenido *suerte.*
El año pasado gané *el premio de fin de curso.*

4. **Lee y completa con las palabras del recuadro:**

tenía	he tenido	podía	parecían	pasaba	llegué	fue	era	permitían

Diario de un "perdedor".

Día 16 de febrero de 1993.

Este año no .... suerte. El año pasado gané el premio de fin de curso. .... el primero a la meta y el segundo quedó a tres metros de distancia. Pero este año .... diferente. Lo noté en el momento de empezar a correr: mis piernas .... torpes y lentas, no tenían agilidad. Me sentía atado, no .... correr como quería. Y, claro, llegué el segundo, con dos metros de distancia sobre el primero. Felipe .... buen corredor, pero yo era el mejor. ¿Qué me .... entonces? ¿Estaba perdiendo fuerza? ¿Necesitaba más entrenamiento, más práctica? No .... tiempo para más. Los estudios no me .... correr más de una hora al día. ¿Podré recuperarme y ser de nuevo el primero en la carrera del próximo año?

Alfonso

5. **Completa estas frases con información de los textos anteriores:**

1. Este año Alfonso................. .
2. El año pasado Alfonso ....
3. Luis .... Marta.
4. Por la mañana Ana ....
5. A las 12 Ana ....
6. El día anterior Luis ....
7. La tarde anterior Marta tampoco ....
8. En la carrera, las piernas de Alfonso ....

APRENDE A APRENDER:

En grupos:

a) Elegid uno de los textos anteriores y traducidlo a vuestro idioma.
b) Observad cómo habéis traducido los verbos del texto.
c) Consultad las dudas con el profesor.

6. **En parejas:**
Leed las frases siguientes y anotad si están relacionadas con el presente.

	sí	no
1. El año pasado gané el premio de fin de curso.	❑	❑
2. Esta mañana me levanté de buen humor.	❑	❑
3. ¿Necesitaba más entrenamiento?	❑	❑
4. No podía correr como quería.	❑	❑
5. Este año no he tenido suerte.	❑	❑
6. Sí, hoy ha dormido aquí.	❑	❑
7. ¡Hola, Ana!, me contestó.	❑	❑

2 De refuerzo

1. Haz frases relacionando las dos columnas:

Esta mañana	durante todo el año.
Ayer Luis	en el colegio?
En 1945	Alfonso corrió mejor.
Los músicos	han salido a dar un paseo juntos.
No hemos perdido ningún partido de fútbol	llegaron tarde al concierto.
¿Habéis tenido muchas amigas	se acabó la Segunda Guerra Mundial.
Ana, con tristeza y rabia,	pasó la tarde con Marta.
La semana pasada	llamó a casa de Marta.

Pretérito indefinido

hacer	**hice, hiciste, hizo, hicimos, hicisteis, hicieron.**
querer	**quise, quisiste, quiso, quisimos, quisisteis, quisieron.**
saber	**supe, supiste, supo, supimos, supisteis, supieron.**
sentir	**sentí, sentiste, sintió, sentimos, sentisteis, sintieron.**
estar	**estuve, estuviste, estuvo, estuvimos, estuvisteis, estuvieron.**
dormir	**dormí, dormiste, durmió, dormimos, dormisteis, durmieron.**
llegar	**llegué, llegaste, llegó, llegamos, llegasteis, llegaron.**

2. En parejas:
Unid con una línea las tres formas correspondientes de cada verbo:

	Indefinido	Imperfecto	Pret. perfecto
hacer	llamé	salía	he convertido
correr	empecé	estaba	he podido
llamar	convertí	dormía	he querido
poder	hice	podía	he salido
salir	pude	corría	he hecho
sentir	estuve	sentía	he empezado
querer	corrí	empezaba	he llamado
empezar	dormí	convertía	he dormido
convertir	salí	quería	he estado
estar	sentí	llamaba	he corrido
dormir	quise	hacía	he sentido

3. Dialogad según el modelo:

Hacer / problemas de matemáticas.

–¿Has hecho los problemas de matemáticas?
–Sí, los hice ayer.

1. Dormir / ocho horas.
2. Sentir rabia / alguna vez.
3. Estar hoy / en casa de tus amigos.
4. Salir a pasear / esta mañana.
5. Llamar / a tus padres por teléfono.
6. Poder / hablar el profesor de español.
7. Empezar / a preparar la fiesta de cumpleaños.
8. Estar / en el Museo del Prado alguna vez.

4. Haz una pregunta para cada respuesta:

1. Ayer fuimos a un concierto en la plaza de la ciudad. *–¿ ....?*
2. Hoy hemos ido a correr por el parque.
3. Esta semana han hecho deporte todos los días.
4. El martes pasé la tarde con mis amigas del colegio.
5. Juana nació en 1985.
6. Empecé a estudiar cuando tenía 4 años.
7. Siempre he tenido buena suerte en los estudios.
8. El año pasado visité el parque de Doñana.

5. Responde a cada una de las siguientes preguntas:

1. ¿Has desayunado hoy a las 8.00 de la mañana? *–Sí/No, ...* .
2. ¿Saliste ayer a dar un paseo por la ciudad?
3. ¿Estuviste la semana pasada en casa de tus amigos/as?
4. ¿Has aprendido mucho español durante este año?
5. ¿Ganaste el premio de fin de curso?
6. ¿Has hecho algo interesante este mes?
7. ¿Has comprado una radio este año?
8. ¿Pasaste las últimas vacaciones con tus padres?

6. Completa las frases con la forma adecuada de los verbos siguientes:

ordenar	*escribir*	*ir*	*poner*
hacer	*ir*	*empezar*	*ver*

1. Al día siguiente .... las clases.
2. Hoy .... todos los libros de mi casa.
3. Ana se .... el mejor vestido para la fiesta.
4. Paco me .... una carta muy simpática.
5. Este sábado .... la película del Óscar.
6. El verano pasado .... quince días a la playa.
7. Este invierno .... frío en Buenos Aires.
8. En Navidades .... a Chile con mi familia.

7. **¿Qué ha ocurrido? Escribe una frase para cada situación:**

(*llegar tarde*)

....

(*comprar moto*)

....

(*ganar partido*)

....

(*ir a una fiesta de cumpleaños*)

....

(*visitar México*)

....

8. **¿Cuánto sabes sobre el mundo hispano? Responde:**

1. ¿Quién descubrió América? ....
2. ¿Quién escribió *Cien años de soledad*? ....
3. ¿Dónde vivieron los mayas? ....
4. ¿Quiénes vivían en el Perú en el siglo XV? ....
5. ¿Quién fue Pancho Villa? ....
6. ¿Ha sido Vargas Llosa presidente del Perú? ....
7. ¿Fue Simón Bolívar el "Libertador de América"? ....
8. ¿Quién pintó *El Guernica*? ....

Toma la palabra

1. Lee esta nota y escribe otra de respuesta:

Querido Paco:
He recibido tu nota. Gracias por la información. Me ha sido útil conocer la vida de José Luis. Ahora ya sé qué piensa de mí y de las mujeres. Era mi mejor amigo, salía con él casi todos los fines de semana y estaba un poco enamorada de él. Lo que tú me has dicho me ha abierto los ojos.
Gracias de nuevo.
Sara.

2. En parejas:
Escuchad y completad:

Mi nombre es Pedro Gómez. Soy .... y vivo en una casa fuera de la ciudad, cerca de un bosque. Paso muchas horas solo y .... los días salgo a pasear por la tarde, a veces también por la noche.

Un día de 1991 ....hasta las 20.00. Estaba cansado y salí a dar un paseo. ....por un camino pequeño del bosque. No se oía nada, no ....nadie. Yo pensaba en mi última novela. De repente se movió algo a mi derecha. Paré. No ....nada. Seguí paseando. Pero a los pocos metros oí de nuevo un ruido a mi derecha. Me ....con cuidado y miré: había menos árboles en esta parte del bosque. "¿Hay alguien ahí?", ... Esperé un poco. Luego ....cómo dos personas salían de detrás de un árbol y ....hacia el bosque. Pero no parecían hombres, ni mujeres. ....los fantasmas del bosque? Ya ....un tema para mi próxima novela.

3. En grupos:

a) Leed de nuevo el texto anterior y completad este esquema:

Datos de Pedro Gómez	Lo que solía hacer P. G.	Lo que vio P. G. aquella noche
....	....	....

b) Haced un resumen del texto y ponedle un título:

....
....
....

Título:..

c) Leed el título a la clase, haced una lista de todos lo títulos leídos y elegid el mejor.

4. **En grupo:**
Cuenta a tus compañeros esta historia fantástica:

APRENDE A APRENDER:

Recuerda:
Palabra **aguda**: lleva el acento tónico en la última sílaba. Estas palabras siempre llevan acento gráfico si acaban en *vocal, n* o *s.*
Palabra **llana:** lleva el acento tónico en la penúltima sílaba. Llevan acento gráfico, excepto si acaban en *vocal,* en *n* o en *s.*
Palabra **esdrújula:** lleva el acento tónico en la antepenúltima sílaba. Siempre llevan acento gráfico en la antepenúltima sílaba.

5. **a) Escucha y escribe el acento gráfico donde sea necesario:**

lapiz	cumpleaños	capital	jardin	ultimo
dificil	facil	bonito	consul	Malaga
arbol	Marruecos	informatica	kilometro	libro
brazo	ingles	ojo	practica	platano

b) Escucha de nuevo y pon las palabras en la columna que corresponda:

Aguda _ _ ´_	Llana _ ´_ _	Esdrújula ´_ _ _

4 ¿Eres capaz?

Tarea:

a. Pide a alguien de tu familia o amigos que te cuente algo que le haya ocurrido.

b. Luego escríbelo siguiendo este esquema:
- ¿Quién es el/la protagonista?
- ¿Qué hacía?
- ¿Qué le ocurrió?
- ¿Cómo reaccionó?
- ¿Qué conclusiones sacó del hecho?

c. Lee tu historia a la clase.

¿QUIERES SABER MÁS?

El lenguaje del amor y de los enamorados.

Dos personas que se quieren, suelen decirse entre sí:

amor mío
cariño (mío)
cielo, cielito
bomboncito
corazón, corazoncito
tesoro (mío)
vida mía
mi vida

En español los enamorados recurren también a nombres de animales (pero nunca a nombres de plantas, verduras, etc.):

gatita
ratita
pichoncito

España	Hispanoamérica
En España se va a comprar alimentos al ***supermercado.***	*En Venezuela se va al* ***automercado.***
En el mundo hispano se suele hablar de ***huevo*** *(producto de las aves).*	*En México suelen decir* ***blanquillo.***
El ***apartado de correos*** *en España,*	*es la* ***casilla de correos*** *en varios países de Hispanoamérica.*
En España se ***aparca*** *el coche.*	*En casi toda Hispanoamérica se* ***estaciona.***
En el español estándar los aviones ***despegan de la pista.***	*En Chile, Colombia o Ecuador los aviones* ***decolan.***
La ***popularidad*** *de las personas*	*equivale a la* ***estelaridad*** *en Chile.*

Seoane se sacó de la boca el cigarrillo apagado y lo examinó con extrañeza. El Colorado saludó varias veces. Medina estuvo casi seguro de que Seoane no tenía el mismo traje que le había visto ponerse en la habitación del mercado: éste era marrón, estrecho y sucio, con un desgarrón sobre el sobaco izquierdo. Seoane alargó lentamente una mano hasta alcanzar los fósforos y encendió el cigarrillo... Hizo una mueca y un ademán para ofrecer una silla.

–Hola –dijo y alzó una mano para pedir silencio...

Después levantó la otra mano y golpeó una con otra para llamar. Pero Chamún ya estaba sonriendo a las espaldas de Medina.

Juan Carlos Onetti, *Dejemos hablar al viento.*

Pero una mañana de octubre, Paco, el Bajo, salió a la puerta, como todas las mañanas y, nada más salir, levantó la cabeza, distendió las aletillas de la nariz y

se acerca un caballo,

dijo,

y la Régula, a su lado, se protegió los ojos con la mano derecha y miró hacia el carril,

ae, no se ve alma, Paco,

mas Paco, el Bajo, continuaba olfateando, como un sabueso,

El Crespo es, si no me equivoco,

agregó,

porque Paco, el Bajo, al decir del señorito Iván, tenía la nariz más fina que un pointer, que venteaba de largo y, en efecto, no había transcurrido un cuarto de hora, cuando se presentó en la Raya, Crespo, el Guarda Mayor,...

Miguel Delibes,
Los santos inocentes.

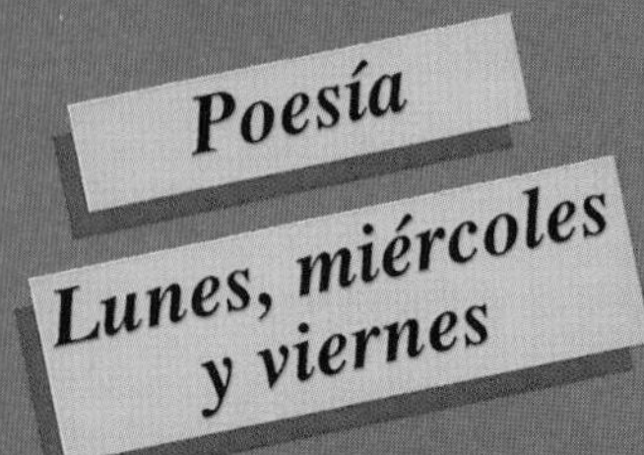

Yo era.
Yo fui,
pero no soy.
Yo era...
Yo fui...
La luna estaba de broma
diciendo que era una rosa.
Con una copa de viento
mi amor se arrojó a las olas.
Pero no soy...

Federico García Lorca

Mañana será mi gran día

ÁREA TEMÁTICA:	Planes para el futuro.
APRENDERÁS A:	
Expresar acciones futuras:	*Organizaremos algo especial.* *Tendrá una sorpresa agradable.*
Preguntar por acciones o hechos futuros:	*¿Qué comprarán para beber?* *¿Vendrán a la fiesta?*
Referirse a hechos o acciones futuras:	*Vamos a pensar en la fiesta.* *Mañana acabo las clases.* *Pienso ver a mi amiga.*
GRAMÁTICA:	Formas del futuro en los verbos. **Ir a** + *infinitivo;* **Pienso** + *infinitivo.* *El próximo (mes, año...); el (año, semana...) que viene.*
LÉXICO:	Nombres de profesiones.
ORTOGRAFÍA Y PRONUNCIACIÓN:	Las letras **r** y **rr**: grafía y pronunciación.
PÁGINA CULTURAL:	La cultura de los regalos y el regateo en el mundo hispano.

1 De entrada

1. **Escucha y lee:**

Teresa: ¡Mañana será mi gran día!
Marisol: ¿Por qué? ¿Te ocurre algo?
Teresa: Algo muy especial: ¡Mañana será mi cumpleaños! ¡Cumpliré dieciocho años! ¡Seré mayor de edad! ¡Mi vida dependerá de mí, de mí...!
Marisol: ¡Qué bien! Entonces lo celebraremos. ¡No cumplimos dieciocho años todos los días!
Teresa: Sí, claro. Organizaremos algo especial.
Marisol: Pero antes, ¿quieres conocer tu futuro? A ver, tú has nacido el 2 de diciembre. Eres Sagitario:

"Esta semana sus asuntos personales pasarán por un buen momento. Estará muy activo en sus relaciones con los amigos o amigas. Tendrá una sorpresa agradable. Podrá conocer a una persona de quien se enamorará. La economía le irá bien y podrá comprar algo extraordinario".

No está mal, ¿verdad?
Teresa: No, no está mal. Pero yo no creo en los horóscopos. La fiesta será más interesante. Vamos a pensar en ella.

2. **Escucha de nuevo y señala cuántas veces hablan:**

Teresa: ....
Marisol: ....

Gramática

Formas de Futuro

	Pensar	Ver	Cumplir
(yo)	**pensar-é**	**ver-é**	**cumplir-é**
(tú)	**pensar-ás**	**ver-ás**	**cumplir-ás**
(él/ella)	**pensar-á**	**ver-á**	**cumplir-á**
(nosotros/as)	**pensar-emos**	**ver-emos**	**cumplir-emos**
(vosotros/as)	**pensar-éis**	**ver-éis**	**cumplir-éis**
(ellos/ellas)	**pensar-án**	**ver-án**	**cumplir-án**

3. Escucha y responde a las preguntas:

Teresa: Invitaré a todos nuestros amigos. Organizaré una merienda y después daremos una vuelta por el parque de atracciones. Vamos a ver. Tú, Marisol, me ayudarás a hacer la lista de comidas y bebidas. Yo llamaré por teléfono a los chicos y chicas de la "panda".

Marisol: ¿Cuántos vendrán?

Teresa: ¡Un montón! Mira, podrán venir Pedro, Ángel Luis, Alfonso y Manolo. Creo que Damián no vendrá porque se va de viaje con sus padres. De las chicas, todas están libres, menos Virginia. Inés llegará un poco más tarde. En total vendrán siete, más tú y yo, nueve.

Marisol: Muy bien. ¿Y qué haremos?

Teresa: Compraremos bebidas: coca-cola, naranjada, limonada y alguna cerveza.

Marisol: ¿Y para acompañar la bebida?

Teresa: Pues patatas fritas, almendras y cacahuetes.También compraré queso, un poco de jamón, algún embutido y pan... mucho pan.

Marisol: Pues yo te regalaré una tarta. Una gran tarta con tu nombre y dieciocho velas.

1. ¿Cuántas personas vendrán a la fiesta de Teresa?
2. ¿Por qué no vendrá Damián?
3. ¿A dónde irán después de la merienda en casa de Teresa?
4. ¿Qué comprarán para beber?
5. ¿Qué le regalará Marisol a Teresa?
6. ¿Cuántos chicos podrán venir a la fiesta?

4. a) Lee de nuevo el diálogo y subraya todas las formas verbales.

b) Clasifica las formas subrayadas:

Verbos en **-ar**	Verbos en **-er**	Verbos en **-ir**
....	....	....
....	....	....
....	....	....
....	....	....

5. En parejas: Leed los diálogos anteriores y anotad:

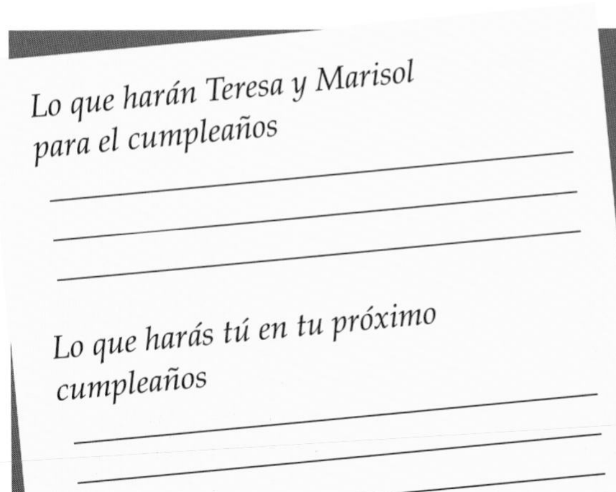

6. El futuro: haz cinco predicciones:

Ejemplo: *En el año 2000 visitaré Sevilla.*

1. ....
2. ....
3. ....
4. ....
5. ....

2 De refuerzo

1. Debes ir de viaje: ¿Qué harás? Haz frases en futuro.

1. Preparar la maleta.
2. Comprar ropa.
3. Pedir información sobre el lugar.
4. Ir a la agencia de viajes.
5. Sacar dinero del banco.
6. Preguntar a mis amigos/as.
7. Decir adiós a mis padres.
8. Llamar un taxi para ir al aeropuerto.

2. Pon estas frases en futuro:

1. Teresa y Marisol organizan una fiesta.
2. Damián no está en la fiesta.
3. Inés llega tarde.
4. Virginia va de viaje.
5. Marisol pregunta por sus amigos.
6. Ella le regala un pastel de cumpleaños.
7. Siempre invitan a todas sus amigas.
8. Teresa compra comida y bebidas para los invitados.

Se dice así

Algunas formas irregulares del futuro

Venir: ven**dr**é, vendrás, vendrá, etc.
Poder: po**dr**é, podrás, podrá, etc.
Tener: ten**dr**é, tendrás, tendrá, etc.
Querer: que**rr**é, querrás, querrá, etc.
Hacer: har**é**, harás, hará, etc.
Saber: sa**br**é, sabrás, sabrá, etc.

3. Completa con los verbos en futuro.

1. Mañana .... (*venir*) las compañeras de Inés.
2. La semana que viene .... (*poder*, yo) jugar al fútbol.
3. En febrero Jane .... (*saber*) hablar español.
4. ¿Cuándo .... (*poder*, nosotras) ir solas a una discoteca?
5. Luis .... (*querer*) hacer una foto de la casa.
6. ¿.................... (*venir*, vosotros) todos a las fiesta de Marisol?
7. No .... (*poder*, yo) ayudar a Marta. Lo siento.
8. El día de tu cumpleaños todos .... (*tener*) un regalo.

4. Agrupa los verbos del recuadro en tres columnas:

cumplirán	*dicen*	*regalaba*	*podíamos*	*hará*
ha completado	*sabía*	*querré*	*hacen*	*bajábamos*
organizó	*tendremos*	*tenían*	*cantan*	*brillará*
se bañaban	*invitaron*	*darás*	*dormíais*	*cerraba*
me desperté	*les gustará*	*habláis*	*podremos*	*vendré*

formas de presente	formas de pasado	formas de futuro
....	....	....
....	....	....
....	....	....
....	....	....
....	....	....
....	....	....

Otras maneras de referirse al futuro

- Ir a + Infinitivo: ***Voy a decir la verdad.***

–Mañana / el mes que viene / la semana próxima ***acabo las clases.***
acabaré las clases.

–Pienso ver a mi amiga en febrero.

5. Completa las frases siguientes:

1. Mañana por la mañana Luis ....
2. En las próximas Navidades mis amigos ....
3. En vacaciones mi hermana y yo ....
4. El viernes próximo pienso ....
5. En verano ....
6. El próximo año todos nosotros ....
7. El mes que viene mi amiga ....
8. La próxima semana .... con mis amigos de curso.

6. Haz frases con elementos de cada columna:

Mañana	regalar	cumpleaños	de aventuras.
El mes que viene	celebrar	fútbol	nuevo.
En verano	ir a	libro	azul.
En mayo	comprar	vestido	de mis amigas.
En vacaciones	viajar	Barcelona	
El martes próximo	acabar	novela	

7. Escribe una frase para cada dibujo:

(*comprar*)

....

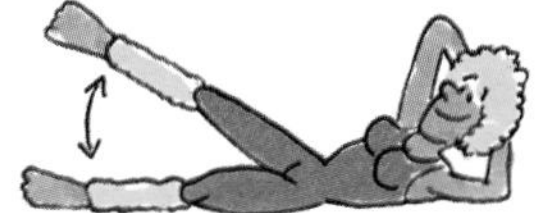

(*hacer*)

....

(*tener*)

....

(*ganar*)

....

(*tomar el sol*)

....

(*regalar*)

....

8. Escribe preguntas para estas respuestas:

1. Aprenderás español en pocos meses. –*¿En cuántos meses aprenderás español?*
2. Los niños no irán de vacaciones con sus padres. –¿..?
3. Veré el partido de fútbol de España contra Alemania. –¿..?
4. Enviarán las maletas por avión. –¿..?
5. La habitación estará preparada para el martes. –¿..?
6. Estos cantantes pronto serán famosos. –¿..?

9. Cambia el texto poniendo los verbos en forma de futuro:

El precio de los coches no baja mucho, pero tampoco sube demasiado, porque cada vez hay más coches y menos personas para comprarlos. Ahora todos quieren tener un coche, pero esto no es posible: en la tierra vivimos más de 6.000 millones de hombres y mujeres; no podemos tener todos un coche para viajar, para visitar a los amigos o amigas, para ir de un lado a otro. Es necesario inventar algo nuevo. Pero ¿qué y cuándo?

10. Escribe todas las palabras que sepas, relacionadas con:

El presente: *hoy,*..

El pasado: *ayer,*..

El futuro: *mañana,*..

3 Toma la palabra

1. En parejas:
Leed esta lista de regalos. ¿Cuáles crees que recibirá Teresa de sus amigos y amigas?

un libro	un disco
unas flores	un vestido
un apartamento en la playa	un viaje a México
un cuadro	una lámpara
un teléfono	un bolígrafo

2. En parejas:
Escuchad y completad este diálogo:

(En la fiesta de cumpleaños de Teresa)

Alfonso: ¡..............., Teresa! ¡Cuántas flores! Las tarjetas de felicitación son .... bonitas. Aquí tienes .... regalo. Te gustará. Pero no lo .... ahora. Es una sorpresa. ¡Deberás controlar tu curiosidad!

Marisol: El nuestro también .... un poco más tarde. Lo traerá Inés.

Teresa: ¡Qué nerviosa ....!

(Suena el timbre)

Inés: ¡Bueno, al fin llegué! ¡Felicidades, ...!

Teresa: ¡Vaya paquete!

Inés: Es .... regalo y de Marisol. Puedes abrirlo. ¿............ gusta?

Teresa: ¡Es un vestido precioso! Gracias a todos. .... muy contenta y feliz.

3. En grupos:
Teresa y sus amigas y amigos han ido al parque de atracciones y juegan a la "ruleta del porvenir". Éstas son las posibilidades del "porvenir". ¿Qué se debe hacer en cada profesión?

Pintor/ra	*Cantante*	*Camarero/a*	*Escritor/ra*
Economista	*Abogado/a*	*Profesor/ra*	*Químico/a*
Futbolista	*Secretario/a*	*Albañil*	*Enfermero/a*

4. En parejas:
***A* pregunta y *B* responde sobre hechos o acciones futuras:**

A. *–¿Crees que el hombre llegará a Marte?*
B. *–Sí, el hombre llegará a Marte.*
No, el hombre no llegará a Marte.

Vivir o no en la ciudad.
Recibir o no un regalo de cumpleaños.
Estar o no el profesor/ra de buen humor.
Mejorar o no tu economía.
Tener o no muchos amigos/as.
Ser verdad o no lo que dice el horóscopo.

5. a) Lee este horóscopo:

Estarás muy ocupado/a por negocios y compras hasta el próximo domingo. El lunes por la mañana tendrás una noticia muy buena: un antiguo/a amigo/a vendrá a verte. Irás a trabajar, pero la suerte no te acompañará: el director no te subirá el sueldo.

b) Escribe otro horóscopo para tu compañero/a, y léelo a toda la clase.

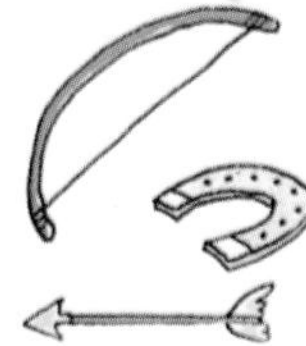

6. En parejas:
Haced una lista de los problemas que podréis encontrar durante esta semana:

Ejemplo: *El martes no podré salir de casa; mis padres están de viaje.*

1. ....
2. ....
3. ....

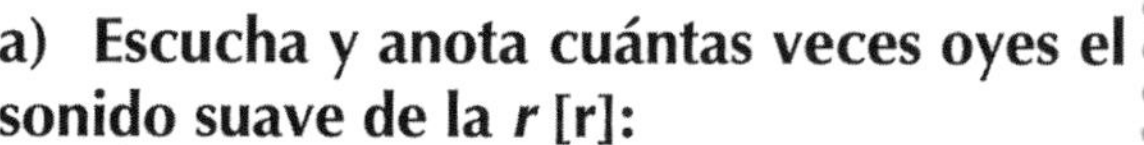

7. a) Escucha y anota cuántas veces oyes el sonido suave de la *r* [r]:

sonido [r]:..

b) Escucha de nuevo y observa:

sonido[r]	sonido[rr]
caro	carro
coro	corro
enfermero	rosa
lámpara	ropa
inventar	guitarra
caramelo	carrera
corto	arroz
carne	guerra

APRENDE A APRENDER:

El sonido suave [r] de la ***r*** se produce:
- si la letra ***r*** aparece en medio de la palabra (*caro, corto...*) o al final (*inventar*).

El sonido fuerte [rr] se produce:
- si la letra ***r*** aparece al principio de la palabra (*radio, rosa...*).
- si la letra ***r*** aparece duplicada en medio de la palabra (*guitarra, carro...*).

¿Existen estos dos sonidos en tu idioma?

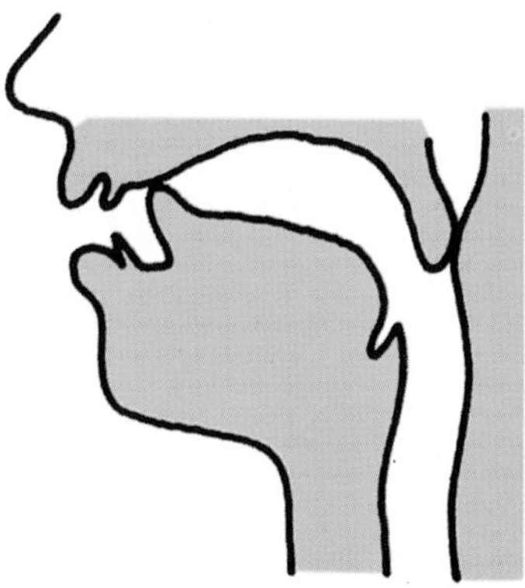

4 ¿Eres capaz?

Tarea:

a. Selecciona a cinco personas, amigas o no de la familia.

b. Pregúntales qué regalos desearían tener para su cumpleaños.

c. Escribe los resultados de tu encuesta.

¿QUIERES SABER MÁS?

Profesiones

profesor/ra	camarero/a
electricista	policía
guardia urbano/a	fontanero / plomero
escritor/ra	pintor/ra
ingeniero/a	dibujante
estudiante	abogado/a
azafata	piloto
doctor/ra	chófer
conductor/ra	taxista
cocinero/a	juez / jueza
médico	actriz / actor
dependiente/a	administrativo/a
secretario/a	enfermero/a

Persona entrevistada	Regalos deseados
1º	
2º	
3º	
4º	
5º	

España	Hispanoamérica
En España se dice ***¡Venga!*** *para pedir que alguien se dé prisa;* →	*en México se usa* ***¡Ándele!*** *o* ***¡Ándale!***
El ***portero*** *español (en el fútbol)* →	*es el* ***arquero*** *en Hispanoamérica.*
El ***contable*** *en España* →	*es el* ***contador*** *en Hispanoamérica.*
El encargado del ascensor es un ***ascensorista*** *en España* →	*y un* ***elevadorista*** *en México.*
El ***limpiabotas*** *español* →	*es un* ***lustrabotas*** *en Argentina, Chile, Colombia o Perú.*
Quien arregla las tuberías es un ***fontanero*** *en España,* →	*pero un* ***plomero*** *en muchos países hispanoamericanos.*

Los regalos

Hacer regalos, cómo y cuándo hacerlos, depende del tipo de relaciones sociales propias de cada cultura. En el mundo hispano es muy frecuente hacer regalos en las siguientes ocasiones: cuando alguien cumple los años (cumpleaños) o en el día de su santo (cuando su nombre coincide en el día con alguien que ha sido declarado "santo" por la Iglesia cristiana o católica); el día de Navidad y, en España, también el día de los Reyes Magos (6 de enero). Lo típico de España era solamente hacer regalos el día de Reyes, pero en la actualidad, por influencia de otros países europeos, también se hacen regalos la víspera de Navidad (Papá Noel). Además de estas ocasiones, existe también el día de la madre (primer domingo del mes de mayo), el día del padre (19 de marzo) y el día de los enamorados (14 de febrero).

Es habitual traer regalos para los amigos y familiares cuando se va de viaje.

Textos y canciones

El regateo

En los países hispanos hay muchos mercados al aire libre, muchos vendedores ambulantes y muchas tiendas pequeñas, además de los Grandes Almacenes. En los Grandes Almacenes los precios son fijos y no se pueden pedir descuentos. Pero en las tiendas más pequeñas y, sobre todo, en los puestos callejeros, es frecuente "regatear" el precio, es decir, ofrecer al vendedor menos de lo que pide por algo, hasta llegar a un acuerdo. El regateo es más frecuente en tiendas donde se venden objetos de recuerdo o regalos típicos o turísticos. Sin embargo, en algunos casos, el vendedor puede sentirse ofendido si alguien le regatea el precio.

Dice que debemos respetar la naturaleza

ÁREA TEMÁTICA: La narración impersonal.

APRENDERÁS A:

Comprender noticias leídas o escuchadas: *Dice que debemos respetar la naturaleza.*

Comprender mensajes razonados y expresar información razonadamente: *Por consiguiente, no debemos cazar ballenas.*

GRAMÁTICA: Expresión mediante elementos que implican impersonalidad:
Dice, dicen que... debemos respetar la naturaleza.
Expresión de opiniones:
Opino que debemos proteger las islas Galápagos.
Creo que no debemos comer mucho.
Uso básico del relativo **que.**
Conectores de conclusiones lógicas: **Por tanto, por consiguiente, así que...**
Usos de **por qué / porque.**

LÉXICO: Titulares de noticias en periódicos españoles e hispanoamericanos.

ORTOGRAFÍA Y PRONUNCIACIÓN: Grafía y pronunciación de la **ñ.**

PÁGINA CULTURAL: Noticias de periódicos: *El País* (España) y *El Comercio* (Ecuador).

1 De entrada

1. ¿Qué dicen........? Dicen que...

Dicen que.... ***- el mundo debe cambiar.***
- debemos respetar la naturaleza.
- hay que limpiar las aguas.
- debemos contaminar menos.

2. En grupos:
¿Cuál es vuestra opinión sobre el respeto a la naturaleza? Escribid cinco frases.

Ejemplo: *Es necesario / Debemos conservar los árboles.*

....

....

....

3. Escucha el texto y señala V (verdadero) o F (falso):

	V	F
1. El Everest tiene ocho mil ochocientos cuarenta y seis metros de alto.	❑	❑
2. La primera persona que subió a la cima se llamaba Hillary.	❑	❑
3. En 1993 subieron al Everest solamente diecisiete escaladores.	❑	❑
4. Por esa razón el gobierno tibetano ha decidido dar más permisos para escalar el Everest.	❑	❑
5. En el año 2000 el monte Everest estará completamente cubierto de árboles y vegetación.	❑	❑
6. El problema del Everest es que muchas personas no pueden llegar a la cima.	❑	❑

4. En parejas:
Ahora leed el texto y resumidlo en pocas líneas.

El Everest es la montaña más alta y más bonita del mundo. Tiene 8.846 metros de altura y todos los amantes de la montaña quieren y desean subir hasta lo más alto. En 1953 E. Hillary llegó a la cima por primera vez. En 1993 se ha celebrado el 40 aniversario de aquella subida. Pero las cosas son ya muy diferentes. En mayo de 1993 acamparon 350 personas para subir. Llegaron a la cima 37 escaladores. Pero esto ya no se repetirá más. El gobierno tibetano ha decidido dar menos permisos. El Everest, dicen, está "enfermo y cansado". Se ha perdido el 75% (setenta y cinco por ciento) de los bosques y vegetación. Algunos dicen que en el año 2000 el Everest ya no tendrá árboles, que sus laderas estarán cubiertas de piedras y tierra. Las personas producen mucha basura y un monte viejo no es capaz de soportar a muchos seres humanos. Por eso de ahora en adelante subirán menos escaladores a la cima del monte más alto del mundo.

5. Escucha y lee:

La Comisión Ballenera Internacional (CBI) ha dicho que debemos proteger a las ballenas. Por lo tanto ha prohibido su caza. El problema es grave: hace cien años había más de 220.000 ballenas azules; ahora sólo quedan unas mil. Las ballenas de aleta se calculaban en 500.000; ahora sólo quedan unas 25.000. ¿De quién es la culpa? La CBI dice que Japón y Noruega son los países más peligrosos para las ballenas. Pero Noruega ha comunicado que no aceptará esta prohibición.

6. En parejas:

a) Leed de nuevo el texto anterior y elegid el título más adecuado para él:

a. *El peligro de la ballena.*
b. *La ballena en peligro.*
c. *Prohibida la caza de ballenas.*

b) Comunicad el título a la clase y explicad por qué lo habéis elegido.

7. Subraya en el texto anterior todas las palabras que no conozcas. Luego búscalas en el diccionario y escribe su traducción a tu idioma.

2 De refuerzo

1. Transforma según el modelo:

–*Es necesario proteger la naturaleza.*
–***Dicen que*** *es necesario proteger la naturaleza.*

1. Hay demasiadas personas en el campamento del Everest.
2. En 1993 había más de 300 escaladores.
3. El gobierno tibetano ha decidido dar menos permisos.
4. Ya casi no hay árboles en las montañas del Everest.
5. Las laderas del Everest estarán cubiertas de piedras.
6. Es peligroso subir a la cima del Everest.
7. En 1993 subieron a la cima 37 escaladores.

2. Completa estas frases según el texto de 1.4:

1. Dicen que el Everest .... de alto.
2. El gobierno tibetano dice que ....
3. Dicen que en 1993 ....
4. En 1953 Hillary ....
5. Dicen que en el año 2000 ....
6. Algunos dicen que los árboles del Everest ....
7. Dicen que muchas personas ....
8. Pero ahora dicen que las cosas ya ....

... ***Por (lo) tanto****, ha prohibido la caza de la ballena.*
... ***Por esta razón****, no quieren prohibir la caza de este animal.*
... ***Por consiguiente****, no debemos cazar ballenas.*
... ***Así que****, en adelante, los noruegos no comerán carne de ballena.*

3. Haz frases con los elementos del recuadro que introducen un razonamiento.

por lo tanto	*por consiguiente*	*así que*	*por esta razón*

1. No quedan ya ballenas. ....
2. El tabaco es malo para la salud. ....
3. Mucha agua está contaminada. ....
4. Hay menos árboles cada día. ....
5. El coche contamina mucho. ....
6. Comer fruta es bueno. ....
7. Es malo para la naturaleza consumir demasiado. ....
....

4. Escribe una frase para cada dibujo, expresando una consecuencia lógica de la situación:

El joven hace deporte.
Por tanto ....

5. En parejas: Preguntad y responded según el modelo:

A. *–¿Qué ha decidido el gobierno tibetano?*
B. *–El gobierno tibetano ha decidido dar menos permisos.*

1. Informar/el director de la escuela.
2. Decir/los padres.
3. Comunicar/el profesor a los alumnos.
4. Informar/el periódico de tu ciudad.
5. Decir/el presidente del gobierno.
6. Decidir/la organización de alumnos.

Se dice así

*–**¿Por qué** quedan menos ballenas en el mundo?*

*–**Porque** los hombres las cazan para comer su carne.*

6. Responde a estas preguntas:

1. ¿Por qué hay mucha basura en el Everest? – ....
2. ¿Por qué no está limpia la ciudad? – ....
3. ¿Por qué no leen los niños? – ....
4. ¿Por qué vemos tanta televisión? – ....
5. ¿Por qué quedan pocas ballenas? – ....
6. ¿Por qué es peligroso subir al Everest? – ....
7. ¿Por qué mueren muchos niños en el mundo? – ....
8. ¿Por qué no dicen la verdad? – ....

7. En parejas:

a) Escribid las palabras opuestas de:

campo ....
cielo ....
descansar ....
dejar ....
delante de ....
enviar ....
guerra ....
estar enfermo ....
guapa ....
joven ....
caro ....
quedarse ....
recibir ....
encima de ....
usted ....
vacío ....
trabajador/ra ....

b) Comunicad a la clase las palabras que habéis escrito.

8. Completa con las formas verbales que correspondan:

	Pretérito indefinido	Futuro	Pretérito perfecto
decir	....	....	....
poder	....	....	....
salir	....	....	....
poner	....	....	....
dar	....	....	....
llegar	....	....	....
tener	....	....	....
querer	....	....	....

3 Toma la palabra

1. Escucha estas noticias y señala de qué trata cada una de ellas:

A. a) De una isla para turistas.
b) De una isla con animales para el laboratorio.
c) De una isla con animales primitivos.

B. a) De lo que debe comer el hombre.
b) De lo que no debemos hacer para tener salud.
c) De lo que debemos estudiar para tener salud.

C. a) De un acuerdo entre España y Ecuador.
b) Del turismo en España.
c) De los turistas que visitan las islas Galápagos.

2. En parejas:
Escuchad de nuevo y completad cada noticia con elementos del recuadro correspondiente:

a) *mucho en han muy pequeñas que*

Las islas Galápagos se .... convertido en una reserva de animales. En estas .... islas viven animales y plantas ....su estado primitivo. Las islas son un laboratorio viviente. El turismo es .... especial: personas con .... dinero o jóvenes .... recorren la isla a pie.

b) *poco hacer se anotan sobre hay que ha llegado comer*

Se han hecho muchos estudios .... la salud del hombre. En algunos se .... a esta conclusión: .... algunos hechos .... son claramente malos para seguir viviendo. Entre ellos ....: comer mucho, no .... ejercicio físico, fumar y beber demasiado alcohol, dormir .... o dormir mucho, no desayunar y .... a menudo.

c) *acuerdo de para visitaron en*

El director del Parque Nacional .... las Islas Galápagos (Ecuador) ha firmado un .... con España .... organizar centros turísticos en las islas y conservar el parque .... su estado original. En 1992 .... las islas 42.000 personas.

El relativo *"que"*

... *jóvenes* ***que*** recorren la isla a pie.

... *hay algunos hechos* ***que*** son claramente malos.

APRENDE A APRENDER:

En parejas:
Leed las tres noticias anteriores y subrayad las frases en las que aparece la palabra *"que"*:

a. ¿A que corresponde esta palabra en vuestro idioma?
b. ¿Qué palabras o frases substituye en el texto?
c. ¿Existe esta posibilidad en tu idioma?

Preguntad al profesor o consultad una gramática de español.

3. En grupos:
Poned un título a cada una de las tres noticias anteriores:

1. .... 2. .... 3. ....

Preguntad a vuestros compañeros/as por sus títulos y comparadlos.

4. En parejas:
a) Expresad una opinión sobre cada uno de los temas siguientes:

- Los animales de las islas Galápagos.
- El tabaco.
- No hacer deporte.
- El turismo en las islas Galápagos.
- Dormir poco.

b) Leed vuestras opiniones a la clase.

Para expresar una opinión sobre algo

– ***Opino que*** *debemos proteger las Galápagos.*

– ***Creo que*** *no debemos comer mucho.*

5. La letra ñ (eñe) es característica del español y se articula así:

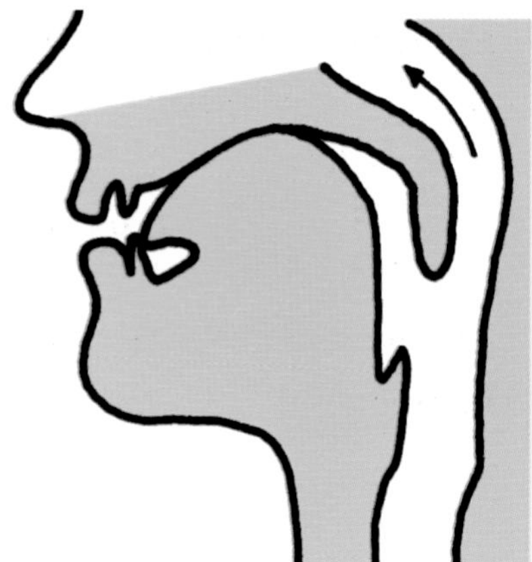

a) Escucha estas palabras:

baño	niño
compañera	montaña
pequeño	señor
señora	señalar
año	España
español	señorita

b) Escucha y repite de nuevo.

4 ¿Eres capaz?

Tarea:

a. Elige una noticia del periódico del día en tu país, región o ciudad.

b. Tradúcela al español.

c. Subraya en la traducción:
-Todos los verbos que sirvan para expresar opiniones de otros.
-Las opiniones expresadas.
-Las formas del relativo ***que*** utilizadas por ti en español.

¿QUIERES SABER MÁS?

Titulares de noticias en periódicos hispano- americanos:

Gremios docentes pedirán renuncia de Marco Alarcón.

Garantías de nuevos créditos ofrecieron banqueros de EUA.

Buscan frenar corrupción.

Policía emprende ofensiva en calles.

Titulares de noticias en periódicos de España:

González anuncia para 1994 un presupuesto muy austero.

La CE decide impulsar la urgente reducción de los tipos de interés.

¿Quién defenderá las zonas de seguridad?

Todos los heridos evolucionan favorablemente.

Contrastes lingüísticos

España		Hispanoamérica
*Al **autobús***	→	*lo llaman **góndola** en Perú, Chile y Bolivia.*
*El apelativo cariñoso **mi vida**,*	→	*equivale a decir **gordo/a, gordito/a**, sin ser peyorativo, en Chile, México, Argentina...*
*En España se usa mucho la interjección **¡Caramba!***	→	*En Hispanoamérica la expresión usada en tales casos es frecuentemente **¡Híjole!***
*Una **estupidez***	→	*equivale a una **huevada** en Chile y en Argentina.*
*A los **gemelos** (para ver de lejos)*	→	*los llaman **largavistas** en Chile, Bolivia y Argentina.*

Noticia de **El PAIS** (España)

Un trabajador resultó ayer muerto y otros cuatro sufrieron quemaduras graves, como consecuencia de un incendio que se produjo en Murcia en un bajo comercial. La primera hipótesis sobre el origen del fuego se centra en una imprudencia de uno de los empleados que hacían trabajos de albañilería.

Los bomberos no quisieron pronunciarse oficialmente sobre las causas del incendio hasta terminar los análisis técnicos, aunque fuentes policiales consideraron muy probable que fuera debido a una imprudencia laboral. Esta versión coincide con la de testigos presenciales, que señalaron que unos obreros estaban acondicionando un bajo comercial, que anteriormente era un mesón, para convertirlo en un pub.

Noticia de **El Comercio** (Quito, Ecuador)

Los trece días de angustia que han vivido diez nicaragüenses en la embajada de su país en Costa Rica concluyeron felizmente ayer, domingo, al ser liberados por sus secuestradores, que confiaron en que el Gobierno de San José les permitirá viajar a otras naciones.

La liberación, que había sido ya acordada el viernes, se retrasó por la negativa del Gobierno de Managua a firmar un documento sobre los compromisos alcanzados con el autodenominado "Comando Yolaina", integrado por cinco antisandinistas.

Aunque no se han revelado los pormenores del acuerdo, se conoció que el Gobierno de Nicaragua pagó a los antisandinistas un rescate de 250.000 dólares, pese a que inicialmente los plagiadores (= secuestradores) exigieron mayores demandas.

Hay que andar bastante

ÁREA TEMÁTICA: Consejos e instrucciones de uso.

APRENDERÁS A :

Comprender y dar instrucciones relacionadas con la vida diaria (electrodomésticos, uso de aparatos, etc.): *Pulse la tecla "anotación".* *Marque el número deseado.*

Negar órdenes, prohibir: *No olvides el saco de dormir.*

Expresar necesidad: *Deben recorrer 50 kilómetros.* *Debemos llevar buenos zapatos.* *Tenemos que preparar bien la excursión.* *Hay que andar bastante.*

GRAMÁTICA: Imperativo (afirmación y negación).
Haber de / Tener que / Deber / Hay que + verbo.
Uso de preposiciones: **para / por / a.**

LÉXICO: Electrodomésticos y utensilios habituales en la casa.

ORTOGRAFÍA Y PRONUNCIACIÓN: Secuencias **que** y **gu** + vocal.

PÁGINA CULTURAL: Humor hispano.

1 De entrada

1. En parejas: ¿A qué dibujo corresponde cada frase?

Para ir de excursión...

a. Estudia en un mapa el lugar a donde quieres ir.
b. Prepara todo lo que necesitas.
c. Lleva una tienda para pasar la noche.
d. No olvides el saco de dormir.
e. Lleva unos zapatos o botas fuertes.
f. Mete en tu mochila o bolsa una linterna y cerillas.
g. Canta durante la marcha.
h. Comunica a tus padres o familiares dónde dormirás.

2. Escucha y lee:

(*Dos amigas preparan una excursión a la montaña*)

Pilar: Ya ha llegado el buen tiempo. Tenemos que ir a la montaña. ¿Recuerdas el lugar del que te hablé?
Ana: ¿Cuál? ¿Donde nace el río Mundo?
Pilar: Exactamente. Mira, ya lo he pensado y preparado todo. Iremos seis amigas: Tú y yo, Maite, María José, Rosa y Laura.
Ana: Me parece estupendo.
Pilar: Necesitamos dos días. Tendremos que dormir en el monte...
Ana: No importa. Llevamos una tienda y sacos de dormir. ¡Me encanta dormir al aire libre!
Pilar: Hay que andar bastante. Las fuentes del río están a más de 25 kilómetros. Creo que todas somos fuertes para hacer 50 kilómetros en dos días.
Ana: ¿Te acuerdas de la excursión del año pasado? Laura tuvo que volver en coche.
Pilar: Sí, porque no llevaba zapatos y ropa adecuada. No podemos ir con ropa nueva a una excursión.
Ana: ¿Se lo has dicho a tus padres?
Pilar: Sí. Y están de acuerdo en todo. Sólo dicen que tenemos que preparar bien la excursión.
Ana: Pues, ¡manos a la obra!

3. Escucha de nuevo y responde:

1. ¿Cuántas amigas piensan ir de excursión?
2. ¿A qué lugar irán?
3. ¿Cuánto tiempo necesitan para llegar a ese lugar y volver?
4. ¿A qué distancia está el lugar?
5. ¿Cuántos kilómetros deben recorrer en dos días?
6. ¿Dónde tendrán que dormir?
7. ¿Lo saben los padres de Pilar?

Para expresar obligación

Deber + verbo:	***Deben recorrer 50 kilómetros.***
Haber de + verbo:	***Hemos de llevar buenos zapatos.***
Tener que + verbo:	***Tenemos que preparar bien la excursión.***
Hay que + verbo:	***Hay que andar bastante.***

4. Ahora cierra el libro y escucha una vez más el diálogo anterior.

5. En grupos:
¿Qué haríais para salvar el bosque?

a) Anotadlo:

- Plantar un árbol todos los años.
- Gastar menos papel.
- Comprar papel reciclado.
- Recoger todo el papel usado.
- Usar el papel por las dos caras.
- Apoyar el plan de recogida de papel usado.
- Utilizar sólo el papel que necesito.

b) Expresad ahora lo que habéis anotado, usando alguno de los verbos del recuadro anterior (*Tengo que, He de, Debo, Hay que...*).

6. Escucha y completa:

Los árboles son limitados. Cada año se .... más de veinte millones de árboles para hacer papel o cartón. Además, se cortan .... más arboles .... hacer muebles y objetos diversos. Por tanto, la Tierra .... cada año menos árboles. Los árboles no sólo sirven para .... papel. También son necesarios para mantener el clima, el oxígeno .... aire, la atmósfera húmeda, las lluvias. Sin árboles la vida en la .... desaparecería. ¿Qué .... de hacer? Hay que salvar árboles. ¿Cómo? Es .... cortar menos árboles y plantar más. Podemos "ahorrar" árboles, por ejemplo, usando menos papel o reciclando el papel usado. En los países industrializados se .... empezando ya a reciclar papel. Ahora .... que empezar a usarlo. Cada día más: "No use papel nuevo. .... papel reciclado".

2 De refuerzo

1. Transforma según los modelos:

a) Preparar la excursión:
–He de preparar la excursión.

1. Llevar zapatos fuertes.
2. Decírselo a mis padres.
3. Preparar la tienda para dormir.
4. Avisar a mis amigas.
5. Llevar una linterna.
6. Decir dónde vamos a dormir.

b) Usar menos papel:
–Tenemos que usar menos papel.

1. Cortar menos árboles.
2. Plantar muchos árboles.
3. Escribir por las dos caras del papel.
4. Reciclar más papel.
5. Cuidar la naturaleza.
6. Usar más papel reciclado.

2. En parejas: Dad consejos y responded, siguiendo el modelo:

–Debemos respetar a los animales.
–Sí, hay que respetarlos.

1. Marcar antes el 968.
2. Llamar a los amigos.
3. Comprar una bicicleta.
4. No tirar las cosas nuevas.
5. Hacer bien las cosas.
6. Pintar la mesa de blanco.
7. Hablar español.

3. ¿Qué tienen que hacer...? Haz una frase expresando obligación:

Debemos/Hay que conducir despacio. ....

....

Formas de imperativo para dar órdenes

	Forma afirmativa	Forma negativa
(tú)	*Olvida*	*No olvides*
(usted)	*Olvide*	*No olvide*
(vosotros/as)	*Olvidad*	*No olvidéis*

4. Transforma estas frases en órdenes:

1. Revisar los neumáticos. –*Revisa los neumáticos.*
2. Mantener limpios los cristales. – ....
3. Usar siempre los cinturones de seguridad. – ....
4. No tomar bebidas alcohólicas. – ....
5. No conducir a demasiada velocidad. – ....
6. Respetar las señales de tráfico. – ....
7. Adelantar con precaución. – ....
8. Parar si estás cansado/a. – ....

5. Relacionad cada dibujo con la palabra que le corresponde:

frigorífico
lavadora
lavavajillas
aspiradora
secador
televisor
radio
cocina (de gas)
equipo de música
tostador
cafetera

6. En parejas: Completad con los verbos en la forma y tiempo adecuados:

Cómo usar la tarjeta en el cajero automático.

Primero .... (*deber*) usted introducir la tarjeta correctamente, en el lugar indicado. .... (*seguir*), luego, las instrucciones que le indica el cajero.

.... (*marcar*) su número personal y .... (*pulsar*) a continuación la tecla "anotación". Aparecerán en la pantalla todas las operaciones que usted puede hacer. ¿............. (*desear*) usted sacar dinero? En este caso .... (*pulsar*) la tecla "sacar dinero", situada al lado derecho de la pantalla. Luego .... (*marcar*) la cantidad de dinero que desea sacar. El cajero le dará un recibo. .... (*retirar*) la tarjeta, el recibo y el dinero.

Gramática

Algunos usos de preposiciones

Para señala
- movimiento o dirección hacia un lugar: ***Va para la oficina.***
- utilidad y finalidad: ***Necesitamos una tienda para pasar la noche.*** ***El tabaco no es bueno para la salud.***

Por señala lugar, dentro de unos límites: ***Pasea por el campo.***

A señala
- dirección hacia un lugar: ***Van a la montaña.***
- distancia: ***Las fuentes del río están a más de 25 kilómetros.***

7. Completa con la preposición (*por/para/a*) que se precise:

1. ¿Fuiste .... la excursión con Ana?
2. ¿......... qué sirve este televisor?
3. Madrid está .... 400 kilómetros de Murcia.
4. En estos momentos la policía va .... allá.
5. Los alumnos paseaban .... el parque.
6. Mi amiga Juana vive .... cien metros de mi casa.
7. Cortar muchos árboles es malo .... la naturaleza.
8. Este coche es .... personas jóvenes solamente.
9. Es un regalo .... nuestros padres.
10. Les gusta conducir .... la autopista.

3 Toma la palabra

1. En parejas:
Decid para qué sirven:

–El .... sirve para ....

el teléfono
la lavadora
el tostador
el aspirador
el secador
el calentador de gas
el teléfono
la máquina de escribir

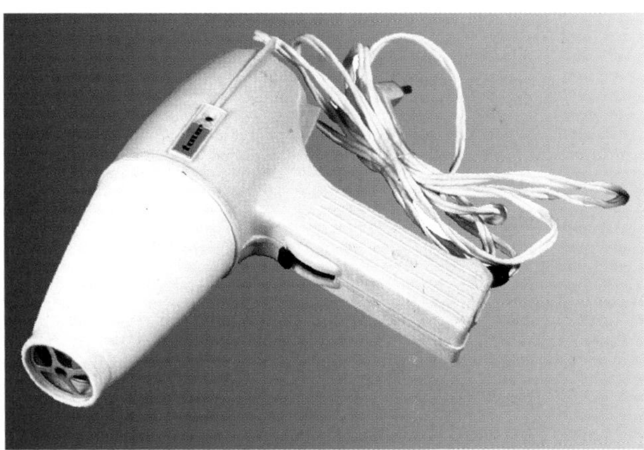

2. Leed y escuchad:
¿A qué aparatos se refieren estas instrucciones?

a) *Levante el auricular. Oirá la señal de línea. Marque el número deseado. Oirá de nuevo una señal intermitente. Ya puede usted hablar.*

b) *Llene la parte de abajo con agua. Ponga el café en el recipiente que está sobre la parte de abajo. Enrosque fuertemente las dos partes. Ponga el aparato al fuego. Espere unos minutos. El café empezará a subir a la parte de arriba. Retire el aparato del fuego. Puede usted servir el café.*

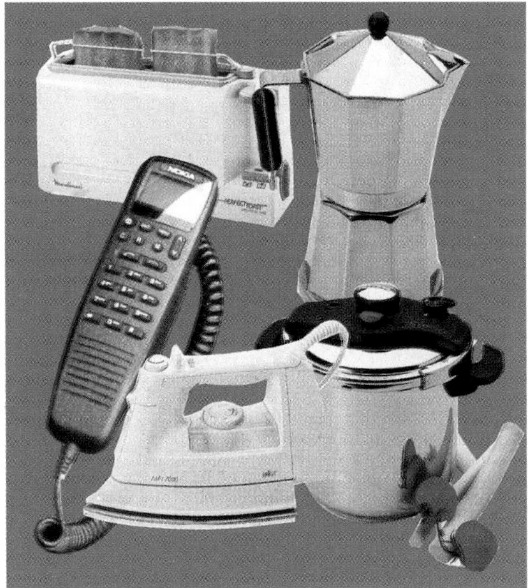

3. En grupos:

a) Escribid las instrucciones para el uso de dos aparatos usuales (*teléfono, cámara fotográfica...*).

b) Leed las instrucciones a la clase.

c) La clase debe averiguar a qué aparatos se aplican las instrucciones.

4. Leed estas instrucciones. ¿A qué aparato se refiere cada instrucción?

1. Pulse la tecla "anotación".
2. Marque el número deseado.
3. Ponga el motor en marcha.
4. Seleccione el canal deseado.
5. Ponga el termostato a 5° C.
6. Seleccione el programa para ropa muy sucia.

5. En grupos:
Así se hace la tortilla española. Ordenad y escribid lo que hay que hacer en el orden adecuado.

Ejemplo: *Ahora echa las patatas.*

1. Pelar patatas.
2. Coger la sartén.
3. Romper tres huevos.
4. Cortar cebolla.
5. Dar vuelta a la tortilla.
6. Mezclar patatas, huevo y cebolla.
7. Echar un poco de aceite en la sartén.
8. Dar otra vuelta a la tortilla.
9. Calentar la sartén con el aceite.
10. Echar la mezcla a la sartén.
11. Freír la tortilla por un lado.
12. Sacar la tortilla de la sartén y ponerla en un plato.

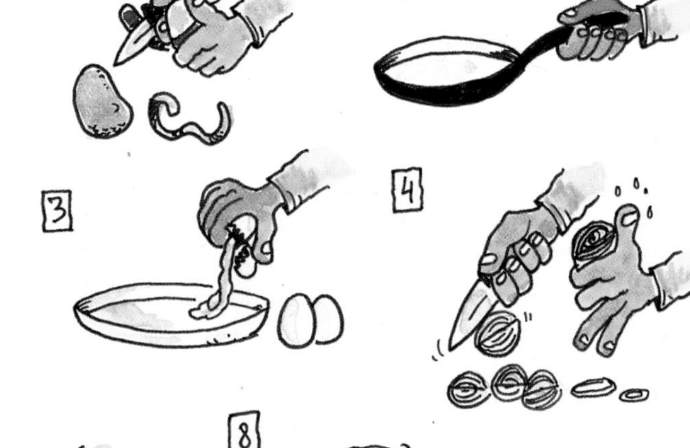

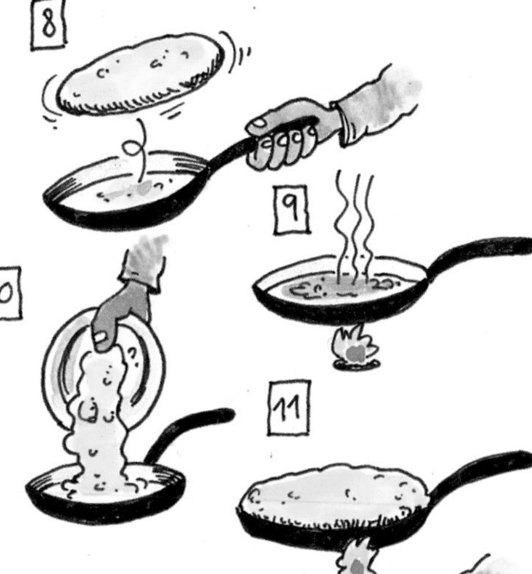

6. Escucha y completa las palabras con *que/qui* o *gue/gui:*

.......so	.......rra	.......nientos
Mi......l	te......la	......a
......tar	......niela	......sante

APRENDE A APRENDER:

En las secuencias ***que, qui*** o ***gue, gui,*** la ***u*** no se pronuncia. La ***u*** se pronuncia en las secuencias ***gue, gui*** solamente si lleva dos puntos (¨) sobre ella: *cigüeña, pingüino.*

7. En parejas:
Anotad diez palabras que contengan *que/qui* o *gue/gui:*

....	....
....	....
....	....
....	....
....	....

4 ¿Eres capaz?

Tarea:

¿Has pensado en una máquina para solucionar algunos de tus problemas?

a. Ponle un nombre en español.

b. Descríbela.

c. Explica cómo se pone en marcha y cómo funciona.

d. Di para qué sirve.

¿QUIERES SABER MÁS?

Utensilios y comodidades habituales en casa:

escoba	cepillo	grifo
papel higiénico	bayeta	lavabo
jabón	trapo de cocina	bañera
estropajo	fregona	calefacción
cubo	vajilla	ducha
plato	tenedor	enchufe
cuchara	cucharita	esponja
cuchillo	horno	vaso
armario	peine	gamuza

En la casa o piso moderno es habitual disponer de:

agua	gas
electricidad/luz	lavadora
frigorífico	lavavajillas/lavaplatos
televisor	vídeo
teléfono	microondas

España	Hispanoamérica
*El **dinero***	*equivale a la **plata** en Hispanoamérica o a la **lana** en Chile, México y Perú.*
*El **camarero***	*es el **mesero** en Colombia y México.*
*Las **patatas***	*son las **papas** en Hispanoamérica.*
*El **altavoz** de un equipo de música*	*es el **altoparlante, parlante** en muchos países hispanoamericanos.*
*La **matrícula** del coche*	*es la **patente** del auto en Chile.*
*El **muchacho***	*equivale en Argentina y Uruguay al **pibe.***

Humor Hispano

El humor tiene matices diferentes en cada cultura. Es frecuente comprobar que un inglés no se ríe con chistes españoles, o que un mexicano no se ríe con chistes yankis. Debe tenerse en cuenta que incluso entre los países de habla hispana hay muchos matices diferentes en el humor.

TEXTOS Y CANCIONES

Frente a la sátira, a menudo agria, del humor más generalizado, el "humor rosa" no pretende caricaturizar el mundo real, sino ofrecer al lector un mundo nuevo donde lo real se mezcla con lo irreal de manera amable, graciosa y sin estridencias. El "humor rosa" no provoca tampoco la carcajada, sino sólo la sonrisa.

Unidad de revisión y autoevaluación

Puntuación:

I.	Comprensión oral:	15
II.	Comprensión escrita:	15
III.	Expresión oral y escrita:	25
IV.	Gramática y léxico:	25
	Total	80

I. Comprensión oral (15 puntos)

1. Escucha y anota: ¿cuál de estas afirmaciones es falsa? (3 p.)

a) Antonia no desayunó sola.
b) Se fue a la playa con Jaime.
c) Hacía fresco y no se bañaron.
d) Cenaron en un restaurante chino.

2. Escucha y anota V (verdadero) o F (falso). (3 p.)

	V	F
a) Vivirás mucho tiempo.	❑	❑
b) Conocerás a muchas personas interesantes.	❑	❑
c) Tendrás buena salud.	❑	❑
d) Viajarás a países lejanos.	❑	❑
e) Tu trabajo te gustará.	❑	❑

3. Escucha los horóscopos de Aries y Piscis: ¿en qué coinciden? (3 p.)

❑ Salud.
❑ Dinero.
❑ Amor.

4. Escucha y completa, según la noticia. (3 p.)

a) Comienzo del curso: ....
b) Horario del curso: ....
c) Precio del curso: ....

5. Escucha y anota a qué utensilios se refiere lo que oyes. (3 p.)

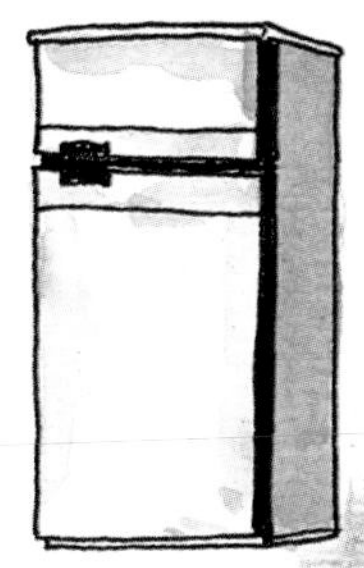

II. Comprensión escrita (15 puntos)

1. Lee la noticia siguiente y anota V (verdadero) o F (falso). (3 p.)

Madonna gasta 200 millones de pesetas en ropa.

La cantante norteamericana Madonna ha gastado más de 200 millones de pesetas sólo en ropa para sus próximos conciertos. Madonna llevará en más de veinte países toda esta ropa diseñada por los italianos Dolce y Gabanna. De esta manera Madonna ha roto su tradicional relación con el diseñador francés Jean-Paul Gaultier.

	V	F
a) Madonna ha gastado 200 millones en fiestas.	❑	❑
b) Madonna no viajará al extranjero.	❑	❑
c) A Madonna le gusta la ropa italiana.	❑	❑

2. Relaciona las frases de cada columna. (3 p.)

a) ¿Viajarán solos?
b) ¿Nos divertiremos allí?
c) ¿Crees que debe aceptar este trabajo?
d) ¿Qué será de él en la vida?
e) ¿A qué hora llegará mañana?

1) Llegará mañana a las seis.
2) Viajarán con la familia.
3) Tendrá mucha suerte en la vida.
4) Este trabajo le irá muy bien.
5) Lo pasaremos bien en la playa.

3. Lee los horóscopos siguientes y relaciónalos con los dibujos. (3 p.)

a) Recibirás una carta en la que te ofrecerán un excelente trabajo. Aprovecha la ocasión. Puede ser muy importante para ti.

b) Tendrás problemas de salud y deberás quedarte en cama. Come poco y descansa.

c) Volverás a encontrarte con una antigua novia. ¡Cuidado! Tu vida puede cambiar.

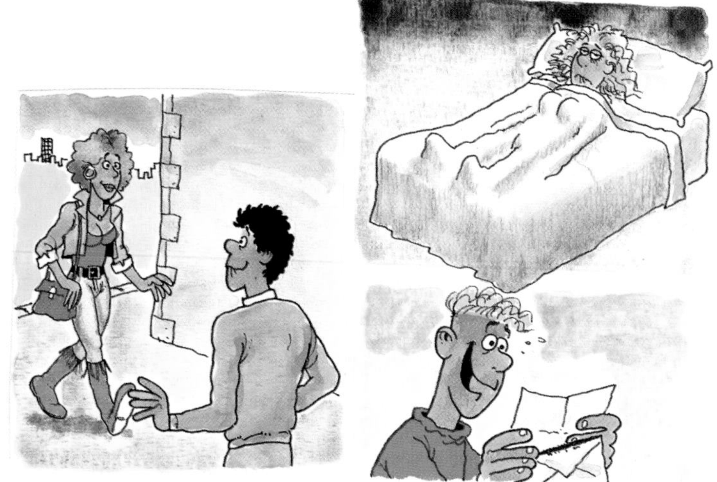

4. Lee la siguiente *Carta al Director* y elige un título apropiado. (3 p.)

Sr. Director:

Soy mecánico de automóviles y un gran aficionado al motor. No puedo entender cómo un periódico tan importante y serio como el suyo, no dedica una sección a este tema. Como lector habitual de este diario, me encantaría poder leer las últimas noticias sobre coches y motocicletas, al mismo tiempo que leo otras noticias. No sólo yo, sino muchos aficionados al motor esperamos un cambio en su actitud.

Le saluda: José Almendralejo

5. Ordena las frases de esta receta de cocina. (3 p.)

Huevo Frito

Fríelo.
échalo en la sartén.
Ponlo en un plato.
Cuando el aceite esté caliente,
Echa un poco de aceite en la sartén.
rompe el huevo y

III. Expresión oral y escrita (25 puntos)

1. **Escucha y responde a las preguntas. (5 p.)**

a) ....
b) ....
c) ....

2. **Explícale a un amigo/a qué hay que hacer para llamar por teléfono a tu país desde España. (5 p.)**

....
....
....
....

3. **Observa los siguientes dibujos y anota qué sucedió. (5 p.)**

a) ....
b) ....
c) ....

4. **¿Recuerdas alguna noticia? Escríbela en un máximo de 5 líneas. (5 p.)**

....
....
....
....
....

5. **Explica a un amigo/a cómo utilizar un cajero automático. Utiliza los verbos siguientes: (5 p.)**

Marcar Introducir Tomar Retirar Seleccionar

CLAVE PERSONAL
REINTEGRO
INGRESO
SALDO

....
....
....
....
....

IV. Gramática y léxico (25 puntos)

1. Completa con el pretérito indefinido o pretérito perfecto, según convenga. (5 p.)

a) Este año (*llover*) .... mucho..
b) La semana pasada mis amigos me (*regalar*) .... un buen libro.
c) Anoche (*nevar*) ....
d) Esta mañana (*venir*) .... Carlos.
e) Ayer (*salir*) .... a pasear con tus padres.

2. Cambia la frase a tiempo futuro. (5 p.)

a) Trabajamos muy a gusto en este lugar. ....
b) Juan estudia medicina en la universidad. ....
c) Salimos de clase a las cuatro y media. ....
d) En este país hace mucho frío. ....
e) ¿A dónde vamos de vacaciones este año? ....

3. Completa con el verbo en imperativo. (5 p.)

a) (Tú) Respet..... las plantas.
b) (Usted) Recoj..... esos papeles.
c) (Tú) Escuch..... lo que digo.
d) (Usted) Escrib..... más claro.
e) (Tú) Abr..... la puerta.

4. Completa las palabras con *c/k/qu/g/j/gu*. (5 p.)

a) ....asa.
b) ....eso.
c) ....inientos.
d) ....ilómetro.
e) ....larinete.
f) ....ersey.
g) .....imnasia.
h) .....irar.
i) ....efe.
j) ....ubo.

5. Escribe los nombres de los siguientes utensilios/electrodomésticos. (5 p.)

a) ....
b) ....
c) ....
d) ....
e) ....
f) ....
g) ....
h) ....
i) ....
j) ....

APÉNDICE DE TEXTOS

(Textos que no aparecen o aparecen incompletos en las unidades respectivas)

UNIDAD 1

I.7.

–¡Hola! ¿Es ésta la clase de español?
–Sí, ¿también eres estudiante de español?
–Sí, soy estudiante de español.
–Me llamo Carlos. ¿Y tú? ¿Cómo te llamas?
–Yo me llamo Pilar.
–Mucho gusto, Pilar.
–Encantada.

UNIDAD 2

III.2.

(En la terraza de un bar, en la calle)

Miguel: Camarero. La cuenta, por favor.
Camarero: Un momento. Aquí está.
(Miguel paga)
Robert: No, no. Pagamos todos.
Yvette: Sí, claro. Nosotras también.
Miguel: No. Hoy invito yo.
Yvette: No, no es posible así. Somos amigos.
Miguel: Sí, pero hoy es mi cumpleaños y...
Todos: ¡Ah, bueno! Entonces sí. ¡Felicidades, Miguel! Y muchas gracias.
Miguel: De nada. Son sólo 19 años...
Todos: ¡Pues vamos a celebrarlo otra vez!

UNIDAD 4

I.1.

Laura: Es aquí, papá, en "Internacional".
Padre: Sí, pero ¿dónde puedo aparcar? Aquí está ocupado, allí también.
Laura: Mira, allí, a la derecha, un poco más adelante.
Padre: ¡Ah, sí! Ya está. Estupendo. No es fácil encontrar aparcamiento en este aeropuerto; siempre está lleno.
Laura: Sí, claro. Allí hay una máquina para sacar el ticket.
Padre: Todo arreglado. Ahora vamos a buscar a Danielle.

III.5.

Laura: Danielle, estoy frente al Museo del Prado y te espero en la entrada principal. ¿Me escuchas?
Danielle: Sí, te escucho.
Laura: ¿Y me entiendes bien?
Danielle: Sí, te entiendo bien.
Laura: Estupendo. Entonces coge el plano de Madrid y anota: coge el metro en Arturo Soria. ¿De acuerdo?
Danielle: Sí, de acuerdo.
Laura: Bajas en Goya. Allí coges la línea 2, dirección Cuatro Caminos. ¿Me sigues?
Danielle: Sí.
Laura: Y bajas en Banco de España, la tercera estación. Sales del metro y vas al Paseo del Prado. Al lado está el Museo del Prado. Pregunta, ¿vale?
Danielle: Vale. De acuerdo. Nos vemos en el Museo del Prado.
Laura: Hasta luego.
Danielle: Hasta luego.

UNIDAD DE REVISIÓN Y AUTOEVALUACIÓN (1-4)

I. Comprensión oral

1. ¿Cómo se llama la amiga de María?

(Texto grabado)
María: ¡Hola, Pascual! Buenos días.
Pascual: Buenos días, María. ¿Qué tal estás?
María: Bien. Y tú, ¿cómo estás?
Pascual: Muy bien.
María: Mira, te presento a mi amiga. Se llama Teresa.
Pascual: Encantado. Yo soy Pascual.
Teresa: Mucho gusto, Pascual.

2. Fíjate en la fotografía, escucha y señala la pregunta adecuada.

(Texto grabado):
Es profesor de idiomas. Enseña español e inglés en la Escuela Oficial de Idiomas de Murcia. Le gusta mucho su trabajo.

3. Escucha y anota V (verdadero) o F (falso).

(Texto grabado)
A: *–Buenas tardes. ¿Qué desea?*
B: *–¿Vive aquí el Sr. Mínguez?*
A: *–No, ya no vive aquí. Ahora vive en Toledo.*
B: *–¿Tiene su dirección?*
A: *–Sí, vive en una casa en la calle Norte, número 4.*
B: *–¿Tiene teléfono?*
A: *–Claro; su número es el 78 04 57.*
B: *–Gracias. Hasta luego.*
A: *–Adiós.*

4. **Escucha e indica las distintas partes del piso.**

(Texto grabado)
Éste es mi piso. Es pequeño y muy bonito. Tiene un comedor, dos habitaciones, una cocina y un baño. La cocina está a la derecha. Junto a la cocina está el comedor. El baño está al fondo del pasillo. Las habitaciones están a la izquierda.

5. **Escucha y sigue en el plano las instrucciones. Anota los nombres de los lugares señalados.**

(Texto grabado)
Está usted en la esquina de la calle Principal y Ronda de Levante: hay un banco a la derecha. Enfrente del banco hay un cine. Gire a la izquierda por la calle Principal. El Ayuntamiento está en la esquina de la calle Principal y la calle Arturo Pérez. Al lado del Ayuntamiento está el supermercado. La Oficina de Correos está enfrente del supermercado.

III. Expresión oral y escrita

1. **Escucha a Maite y salúdala.**

(Texto grabado):
a) *–¡Hola! ¡Qué tal! ¿Cómo estás?*
b) *–Yo muy bien. ¡Hasta luego!*

2. **Escucha y responde a las preguntas.**

(Texto grabado)
a) *¿Cómo te llamas*
b) *¿De dónde eres?*
c) *¿A qué te dedicas?*

UNIDAD 6

I.1.

CUPÓN 1:
Sin compromiso por mi parte, solicito información sobre el curso de guitarra.
Complete el cupón con sus datos y envíelo a:
APE, Centro de Enseñanza a Distancia.
Apartado de Correos 45 - 08032 Barcelona

CUPÓN 2:
¿Le gusta? ¿Tiene gusto? Chocolates EL DULZÓN le invita. Participe en el concurso millonario de TV-plus. Complete este cupón con su datos y envíelo a:
TV-Plus. Concurso CIMA
Avenida de la Comunicación s/n
Edificio TV-Plus
28034 Madrid

CUPÓN 3:
Le ofrecemos descuentos en 150 hoteles, en Venezuela y en el extranjero, grandes descuentos (hasta el 60%), coches y un gran viaje en nuestro sorteo semanal. Complete este cupón y envíelo a:
CÍRCULO EL VIAJERO
Avenida Principal de las Mercedes
Caracas.

UNIDAD 7

I.2.

(Dos amigas se encuentran)

Carmen: ¡Hola, Lola! ¿Estás preparada? Hoy quiero ganar yo.
Lola: Sí, estoy preparada. Vamos.

(En la pista de tenis)

Lola: Carmen, hoy no tenemos suerte. ¡Mira: llueve!
Carmen: Es verdad. Pero llueve muy poco. ¿Empezamos?
Lola: De acuerdo. Pero...
¿Lo ves? Ahora llueve más y hace bastante aire.
Carmen: No importa. La pista está todavía bien. Podemos seguir.
Lola: ¿No te parece mejor dejar el tenis e ir a patinar? la pista está cubierta y allí no podemos mojarnos.
Carmen: Yo no tengo los patines...
Lola: Yo tengo dos pares. Te presto uno.
Carmen: Pero no me gusta mucho patinar. Y hoy no me apetece mucho...
Lola: Creo que allí viene Julito.
Julito: ¡Hola, amigas! Os traigo un paraguas.
Carmen: ¿Sabes? La lluvia empieza a ser molesta. Julito tiene razón: necesitamos un paraguas.

III.2.

Tengo el día muy ocupado. Me despierto pronto, a las 8.30. Pero me levanto un poco más tarde, a las 9. Luego me lavo, desayuno y leo el periódico. Me gusta leer el periódico por la mañana. A las 10.30 voy a estudiar a la biblioteca. Es un lugar muy tranquilo y tengo muchos libros para estudiar. Estoy en la biblioteca hasta las 13 horas. A esta hora nos reunimos los amigos y amigas para preparar la fiesta de final de curso. A las 2 voy a comer. Descanso un poco, veo la televisión y una hora más tarde voy a hacer deporte con mi amiga, en bicicleta. Mi madre está en el hospital; la visito a las 5,30 y a las siete y media de la tarde veo un partido de baloncesto. A las ocho y media estoy en casa para cenar. Luego escucho música y estudio un poco. A las 11 me acuesto.

III.6.

Lola: A mí no me gusta la lluvia.
Carmen: Ya lo veo. Pero tampoco te gusta mucho patinar.
Lola: Sí, patinar sí me gusta, pero estos patines me molestan un poco.
Carmen: Pero son tus patines, ¿no?
Lola: Bueno, mis patines los tienes tú...
Carmen: ¿De veras?
Lola: Sí, porque éstos son viejos y un poco pequeños.
Carmen: Lo siento mucho. Eres una amiga excelente.

UNIDAD 8

I.5.

1)
–¿Qué desea?
–Querría comprar un falda y unos zapatos.
–¿Los prefiere de algún color?
–Sí, la falda roja y los zapatos amarillos.

2)
–¿Desea algo, caballero?
–Sí, necesito una camisa y una corbata.
–¿Cuál es su talla?
–La 39.
–Muy bien. Veamos ésta.
–No, la camisa la quiero blanca y la corbata azul.

3)
–¿Desea usted algo, señora?
–Sí, busco una chaqueta de invierno.
–¿Cómo la quiere, de lana o de fibra?
–La prefiero de lana.

II.6.

–¿Desea comprar algo, caballero?
–Sí, querría un traje azul y una camisa.
–¿De qué color desea la camisa? ¿Blanca?
–Sí, blanca está bien.
–¿Cuál es su talla?
–Creo que mi talla es la 42.
–Muy bien. Aquí tiene un traje azul. Está a buen precio.
–¿Cuánto cuesta?
–Veinticinco mil pesetas.
–No está mal. ¿Y esta camisa?
–5.200 ptas. Es muy moderna y va bien con el traje.
–En total son 30.200 ptas., ¿no?
–Exactamente.
–De acuerdo. ¿Puedo pagar con tarjeta?
–Naturalmente. Firme aquí.

III.2.

Pepe: ¿Qué te ocurre, Antonio?
Antonio: No lo sé. No puedo moverme.
Pepe: ¿Te duele aquí, en la espalda?
Antonio: No, ahí no. Más abajo.
Pepe: ¿Aquí?
Antonio: Sí, ahí. Y más abajo, en la pierna.
Pepe: A ver. ¿Puedes ponerte de pie? Te ayudo.
Antonio: Lo intento, pero no puedo.

UNIDAD DE REVISIÓN Y AUTOEVALUACIÓN (5-8)

I. Comprensión oral

1. Escucha y anota las preferencias y gustos de Andrea.

(Texto grabado)
Andrea tiene 16 años y estudia 2º curso de bachillerato. Le gusta leer, escuchar música, ir al cine y salir con sus amigas. También le gusta mucho hacer deporte; quiere ir a las Oimpiadas.

2. Escucha y marca la hora en los relojes.

(Texto grabado)
1) *Son las tres.*
2) *Es la una y cinco.*
3) *Son las diez y media.*
4) *Son las siete menos diez.*
5) *Son las cinco menos cuarto.*

3. Observa el mapa, escucha las noticias sobre el tiempo y señala dónde hace sol.

(Texto grabado)
El tiempo hoy
Hace mal tiempo en todo el norte: hay niebla en Galicia, Asturias y Cantabria, con temperaturas muy bajas. En Extremadura hace sol, las temperaturas son agradables. En Castilla-León hace aire y mucho frío. En el sur está nublado, pero las temperaturas son frescas.

4. Escucha y anota V (verdadero) o F (falso).

(Texto grabado)
Joaquín se levanta a las siete de la mañana. A las ocho toma el desayuno y va al trabajo, en la radio. A las tres y media de la tarde acaba el trabajo y vuelve a casa en autobús. Después de cenar, a Joaquín le gusta descansar y ver la televisión con su mujer e hijos.

5. Escucha y señala qué símbolo no se menciona.

(Texto grabado)
...en el resto de España hace mucho frío y en algunos lugares hay nieve. En el norte también hay niebla y nubes tormentosas con lluvias.

III. Expresión oral y escrita

1. Escucha y acepta las invitaciones de Rosario.

(Texto grabado)
–¿Quieres venir a dar un paseo?
–¿Te gustaría comer conmigo el lunes?

2. Escucha y responde a las preguntas.

(Texto grabado)
–¿Qué hora es?
–¿Qué día es hoy?
–¿Qué edad tienes?

4. Completa el siguiente diálogo.

A: *–¿Cómo estás?*
B: ***–No estoy muy bien.***
A: *–¿Te duele algo?*
B: ***–Sí, me duele la cabeza.***
A: *–¿La cabeza?*
B: ***–Sí, la cabeza.***
A: *–Toma una aspirina. Es lo mejor.*
B: ***–No tengo. ¿Dónde hay una farmacia?***
A: *–¿Una farmacia? Sí, en la esquina.*
B: ***–Muchas gracias.***
A: *–De nada. Bueno, cuídate y hasta pronto.*
B: ***–Adiós.***

UNIDAD 9

III.5.

–Desearía cambiar dólares. ¿A cómo está el dólar hoy?
–A 125 pesetas.
–Entonces quiero cambiar cien dólares.
–Muy bien. Son 12.500 pesetas.
–Y el franco suizo, ¿cuánto vale?
–El franco suizo está a 90 pesetas.
–¿Puede cambiarme 150 francos suizos?
–Naturalmente. 150 por 90... son 13.500 pesetas. Más 12.500 de los dólares, en total son 26.000 pesetas. Pase por caja con este recibo, por favor. Ventanilla 3. Gracias.
–Gracias. Adiós.

UNIDAD 10

I.1.

Picasso, Pablo Ruiz
Nació en 1881 (en Málaga).
Pasó la niñez en Málaga: 1881-1891.
Se trasladó a Barcelona en 1895.
Estudió Bellas Artes: 1895-97 (en Barcelona).
Cursó un año en la Academia de San Fernando: 1897-98 (en Madrid).
Hizo la primera exposición en 1900.
Emigró a Francia en 1904.
Pintó el *Guernica* en 1937.
Se creó el Museo Picasso en Barcelona en 1963.
Hizo una famosa escultura (*La cabra*) en 1950.
Murió en 1973 (en Francia).

III.2.

1. *Era sábado. Enrique y Laura salieron a pasear por el parque. La luna brillaba en el cielo y hacía buen tiempo.*
2. *Enrique y Laura eran dos jóvenes enamorados, como muchos otros jóvenes en la ciudad. Eran felices y miraban a las estrellas...*
3. *De repente una luz muy fuerte apareció en el cielo; parecía una estrella.*
4. *La luz se acercaba velozmente. Venía hacia ellos. Sintieron curiosidad, luego miedo...*
5. *Muy pronto la luz estaba a pocos metros y se convirtió en una nave espacial en forma de plato.*
6. *La nave se paró junto a ellos.*
7. *Se abrió una pequeña puerta y de la nave salieron dos seres extraterrestres. Parecían seres humanos, vestidos como un hombre y una mujer.*
8. *Se acercaron a Enrique y Laura. ¡Qué sorpresa! Les preguntaron qué hora era. ¡Hablaban su idioma!*
9. *- "Son las ocho y media", contestó Laura muy sorprendida y asustada. Los dos seres llegados del cielo no dijeron nada.*
10. *Se sentaron al lado de Enrique y Laura; primero los miraron a ellos, luego empezaron a mirar a las estrellas... como dos enamorados terrestres.*

UNIDAD 11

III.6.

Buzón del lector:

¡Hola, amigos! No sé lo que hacer. Me gusta un chico desde hace bastante tiempo y creo que yo también le gusto a él. Va al mismo colegio que yo y vive cerca de mi casa. Lo veo en

invierno y en verano y me encuentro con él a menudo. Me gustan también otros chicos, pero como él, ninguno. Cuando paso, él me mira, aunque dudo si él me mira a mí o a mi amiga. Creo que a mí. Y a ella también. ¿Creéis que debo dar yo el primer paso? ¿O es mejor esperar?

UNIDAD 12

I.5.

En comparación con otros países europeos, en España se suele comer y cenar tarde. Lo más normal es comer a las dos (14.00) de la tarde. En los restaurantes se puede comer también más tarde, sobre todo en las ciudades. En el verano los restaurantes suelen estar abiertos para la comida hasta las 4, especialmente en lugares turísticos. En las familias españolas se suele cenar entre 9 y 10 de la noche. En los restaurantes se admite gente hasta las 11 o más de la noche.
Comer en los restaurantes es frecuente en España, muy especialmente los domingos y días de fiesta. También es muy normal tomar algo antes de comer, en los bares, en los restaurantes o en casa: es el aperitivo. Como aperitivo se suele tomar una cerveza, un vermut, un vino fino (de Jerez), una tónica o una bebida sin alcohol. Siempre se acompaña la bebida con tapas (pequeña cantidad de comida) de diversas clases: queso, jamón, pescado, etc.

UNIDAD DE REVISIÓN Y AUTOEVALUACIÓN (9-12)

I. Comprensión oral

1. Escucha y anota: ¿qué artículos no compra Luis?

(Texto grabado)
Esta mañana Luis ha salido a comprar. No tenía dinero en casa y fue al banco a sacar. Después fue al supermercado. Allí compró queso, merluza y zumo de piña. En la tienda de su amigo Alberto ha comprado fruta y verdura: tomates, manzanas, peras y patatas.

2. Escucha y ordena las acciones de Antonio.

(Texto grabado)
Eran las ocho de la mañana y Antonio dormía en su cama. Media hora más tarde, a las ocho y media, un ruido le despertó. Se levantó, fue al cuarto de baño y se duchó. Después fue a la cocina y preparó un café con leche. Luego se vistió y salió a la calle a comprar el periódico.

3. Escucha y anota las fechas.

(Texto grabado)
a) *Este edificio fue construido en 1836.*
b) *Pascual nació en 1964.*
c) *Hasta 1034 vivió en este castillo el rey Guzmán IV.*
d) *El año que viene, en 1994, termina sus estudios de medicina.*
e) *En el año 2021 tendré 57 años.*

4. Escucha y completa el currículo de Vicente.

(Texto grabado)
*Vicente **nació** en 1964. **Entró** en la escuela en 1970. A los 15 años **empezó** el bachillerato.Cuatro años más tarde **ingresó** en la universidad. En 1988 **acabó** los estudios de farmacia. Luego se **fue** a Inglaterra y allí **estudió** dos años más. Desde 1990 trabaja en una farmacia, en Córdoba.*

5. Escucha las conversaciones y anota cuál se refiere al siguiente dibujo.

(Textos grabados)
T1: A: *–¿Qué te pasa?, ¿estás cansada?*
B: *–No, estoy nerviosa. Mañana tengo un examen.*

T2: A: *–¿Qué te pasa?, ¿estás enfadada?*
B: *–No, estoy cansada. He trabajado hasta muy tarde.*

T3: A: *–¿Qué te pasa?, ¿estás preocupada?*
B: *–Sí. Alberto no ha vuelto todavía.*

III. Expresión oral y escrita

1. Escucha estas respuestas y haz las preguntas adecuadas.

(Texto grabado)
a) - *El kilo de tomates cuesta 125 ptas.*
b) - *El marco vale 82 ptas.*
c) - *Picasso pintó "El Guernica".*
d) - *Estuve de vacaciones en Bélgica.*
e) - *Quiero dos kilos de manzanas.*

5. Observa este cuadro, escucha y responde a las preguntas.

(Texto grabado)
a) - *¿Cuánto cuesta un kilo de melocotones?*
b) - *¿A cuánto está el kilo de naranjas?*
c) - *¿A cuánto está la merluza?*
d) - *¿Cuánto cuesta una barra de pan?*
e) - *¿Qué son más caras, las naranjas o las peras?*

UNIDAD 13

I.4.

Diario de un "perdedor".

Día 16 de febrero de 1993.
Este año no he tenido suerte. El año pasado gané el premio de fin de curso. Llegué el primero a la meta y el segundo quedó a tres metros de distancia. Pero este año fue diferente. Lo noté en el momento de empezar a correr: mis piernas parecían torpes y lentas, no tenían agilidad. Me sentía atado, no podía correr como quería. Y, claro, llegué el segundo, con dos metros de distancia sobre el primero. Felipe era buen corredor, pero yo era el mejor. ¿Qué me pasaba entonces? ¿Estaba perdiendo fuerza? ¿Necesitaba más entrenamiento, más práctica? No tenía tiempo para más. Los estudios no me permitían correr más de una hora al día. ¿Podré recuperarme y ser de nuevo el primero en la carrera del próximo año?
Alfonso.

III.2.

Mi nombre es Pedro Gómez. Soy escritor y vivo en una casa fuera de la ciudad, cerca de un bosque. Paso muchas horas solo y todos los días salgo a pasear por la tarde, a veces también por la noche. Un día de 1991 trabajé hasta las 20.00. Estaba cansado y salí a dar un paseo. Fui por un camino pequeño del bosque. No se oía nada, no había nadie. Yo pensaba en mi última novela. De repente se movió algo a mi derecha. Paré. No vi nada. Seguí paseando. Pero a los pocos metros oí de nuevo un ruido a mi derecha. Me acerqué con cuidado y miré: había menos árboles en esta parte del bosque. "¿Hay alguien ahí?", grité. Esperé un poco. Luego vi cómo dos personas salían de detrás de un árbol y corrían hacia el bosque. Pero no parecían hombres, ni mujeres. ¿Eran los fantasmas del bosque? Ya tenía un tema para mi próxima novela.

UNIDAD 14

III.2.

(En la fiesta de cumpleaños de Teresa)

Alfonso: ¡Felicidades, Teresa! ¡Cuántas flores! Las tarjetas de felicitación son muy bonitas. Aquí tienes nuestro regalo. Te gustará. Pero no lo abrirás ahora. Es una sorpresa. ¡Deberás controlar tu curiosidad!
Marisol: El nuestro también llegará... un poco más tarde. Lo traerá Inés.
Teresa: ¡Qué nerviosa estoy!

(Suena el timbre)

Será Inés...
Inés: ¡Bueno, al fin llegué! ¡Felicidades, Teresa!
Teresa: ¡Vaya paquete!
Inés: Es mi regalo y de Marisol. Puedes abrirlo. ¿Te gusta?
Teresa: ¡Es un vestido precioso! Gracias a todos. Estoy muy contenta y feliz.

UNIDAD 15

III.2.

a. Las islas Galápagos se han convertido en una reserva de animales. En estas pequeñas islas viven animales y plantas en su estado primitivo. Las islas son un laboratorio viviente. El turismo es muy especial: personas con mucho dinero o jóvenes que recorren la isla a pie.

b. Se han hecho muchos estudios sobre la salud del hombre. En algunos se ha llegado a esta conclusión: hay algunos hechos que son claramente malos para seguir viviendo. Entre ellos se anotan: comer mucho, no hacer ejercicio físico, fumar y beber demasiado alcohol, dormir poco o dormir mucho, no desayunar y comer a menudo.

c. El director del Parque Nacional de las Islas Galápagos (Ecuador) ha firmado un acuerdo con España para organizar centros turísticos en las islas y conservar el parque en su estado original. En 1992 visitaron las islas 42.000 personas.

III.5.

El niño estaba sentado sobre una silla pequeña. Frente a él había una gran montaña. El pequeño la señalaba con la mano y su madre le hablaba. Una señorita pasó por el lugar y le dijo: "¡Hola, pequeño? ¿Cómo estás?". El niño empezó a llorar.

UNIDAD 16

I.6.

Los árboles son limitados. Cada año se cortan más de veinte millones de árboles para hacer papel o cartón. Además, se cortan muchos más árboles para hacer muebles y objetos diversos. Por tanto la Tierra tiene cada año menos árboles. Los árboles no sólo sirven para hacer papel. También son necesarios para mantener el clima, el oxígeno del aire, la atmósfera húmeda, las lluvias. Sin árboles la vida en la tierra desaparecería. ¿Qué hemos de hacer? Hay que salvar árboles. ¿Cómo? Es necesario cortar menos árboles y plantar más. Podemos "ahorrar" árboles, por ejemplo, reciclando el papel usado. En los países industrializados se ha empezado ya a reciclar papel. Ahora tenemos que empezar a usarlo. Cada día más: "No use papel nuevo. Use papel reciclado".

II.6.

Cómo usar la tarjeta en el Cajero Automático.
Primero debe usted introducir la tarjeta correctamente, en el lugar indicado. Siga, luego, las instrucciones que le indica el Cajero.
Marque su número personal y pulse a continuación la tecla "Anotación". Aparecerán en la pantalla todas las operaciones que usted puede hacer. ¿Desea usted sacar dinero? En este caso pulse la tecla "Sacar dinero", situada al lado derecho de la pantalla. Luego marque la cantidad de dinero que desea sacar. El Cajero le dará un recibo. Retire el recibo y el dinero.

UNIDAD DE REVISIÓN Y AUTOEVALUACIÓN (13-16)

I. Comprensión oral

1. Escucha y anota: ¿cuál de estas afirmaciones es falsa?

(Texto grabado)
El sábado pasado Antonia se levantó temprano. Se duchó y desayunó con sus padres. Había quedado con su amigo Jaime para pasar el día en la playa. A las nueve en punto pasó Jaime a recogerla en su coche. En la playa se divirtieron mucho. Jugaron al tenis, se bañaron y corrieron por la arena. Hacía bastante calor, el sol brillaba y calentaba mucho. Se quedaron allí hasta las ocho y media. Después regresaron a casa y salieron a cenar en un restaurante chino.

2. Escucha y anota V (verdadero) o F (falso).

(Texto grabado)
Tendrás mucha suerte en la vida y vivirás muchos años.
Muy pronto conocerás a una persona muy interesante e importante.
Disfrutarás de una salud excelente.
Harás un viaje a Perú.
Te ofrecerán un trabajo en el que te sentirás muy a gusto.

3. Escucha los horóscopos de Aries y Piscis. ¿En qué coinciden?

(Texto grabado)
Aries: *Tu salud será buena, pero tendrás algún problema el miércoles. Ganarás mucho dinero, pero ¡atención al viernes! Aparecerá un amor en tu vida: aprovecha la ocasión.*

Piscis: *Tendrás dolores de cabeza toda la semana. Tus amigos te permitirán ganar mucho dinero. En el amor será una semana muy negativa.*

4. Escucha y completa, según la noticia.

(Texto grabado)
Curso de Lengua Gallega
El Centro Gallego de la Región de Murcia organizará un curso intensivo de lengua gallega. El curso tendrá una duración de un mes (15 de octubre-15 de noviembre). El horario será de ocho a diez de la noche, de lunes a viernes. Este curso será impartido por profesores nativos. La matrícula tiene un precio de 10.500 ptas. e incluye libro de texto y diccionario español-gallego.

5. Escucha y anota a qué utensilios se refiere lo que oyes.

(Textos grabados)
T1: *Este electrodoméstico se puede instalar en cualquier parte del hogar y sirve para escuchar música, noticias, etc.*

T2: *Es un electrodoméstico pequeño, de fácil manejo, y sirve para secar el pelo.*

T3: *Este electrodoméstico suele estar en la cocina. Es de color blanco y de gran tamaño y sirve para conservar carne, pescado, verdura, frutas y huevos.*

III. Expresión oral y escrita

1. Escucha y responde a las preguntas.

(Texto grabado)
a) *¿A dónde irás después de clase?*
b) *¿Qué harás este fin de semana?*
c) *¿Qué le regalarás a tu madre para su cumpleaños?*

RESUMEN GRAMATICAL SISTEMÁTICO

EL ARTÍCULO

	masculino	femenino
singular	*el* *un*	*la* *una*
plural	*los* *unos*	*las* *unas*
contracto	*del* *al*	

LOS DEMOSTRATIVOS

	singular	plural
masculino	*este, ese, aquel*	*estos, esos, aquellos*
femenino	*esta, esa, aquella*	*estas, esas, aquellas*
neutro	*esto, eso, aquello*	

EL NOMBRE

a) género

Los nombres son masculinos o femeninos. Los nombres masculinos acaban a menudo en **-o** y los femeninos en **-a**. Pero esta norma tiene muchas excepciones.

el niño, el gato	*la niña, la gata*
Un libro interesante	*Una niña alegre*
Un muchacho joven	*Una muchacha joven*
El profesor	*La calle*

b) número

Los nombres forman los plurales añadiendo una "**s**" si acaban en vocal o añadiendo "**es**" si acaban en consonante:

cubano	*cubanos*
español	*españoles*
española	*españolas*

c) concordancia

El adjetivo concuerda con el nombre en género y en número:

libro blanco	*libros blancos*
niña guapa	*niñas guapas*

POSESIVOS

ANTEPUESTOS AL NOMBRE

a) Un solo poseedor:

Singular	Plural
mi	mis (yo)
tu	tus (tú)
su	sus (él/ella)

b) Dos o más poseedores

Singular	Plural
nuestro	nuestros
nuestra	nuestras
su	sus

POSPUESTOS AL NOMBRE

a) Un solo poseedor

Singular	Plural
mío	míos
mía	mías
tuyo	tuyos
tuya	tuyas
suyo	suyos
suya	suyas

b) Dos o más poseedores

Singular	Plural
nuestro	nuestros
nuestra	nuestras
vuestro	vuestros
vuestra	vuestras
suyo	suyos
suya	suyas

NUMERALES y ORDINALES

Numerales	Ordinales	Numerales	Ordinales
Uno	primero	veinte	vigésimo
dos	segundo	veintiuno	
tres	tercero	veintidós...	
cuatro	cuarto	treinta	trigésimo
cinco	quinto	cuarenta	cuadragésimo
seis	sexto	cincuenta	quincuagésimo
siete	séptimo	sesenta	sexagésimo
ocho	octavo	setenta	septuagésimo
nueve	noveno	ochenta	octogésimo
diez	décimo	noventa	nonagésimo
once	undécimo	cien/ciento	cien/centésimo
doce	duodécimo	ciento veintidós	
trece	decimotercero	doscientos	
catorce	decimocuarto	trescientos...	
quince	decimoquinto	quinientos	
dieciséis	decimosexto	mil	mil/milésimo
diecisiete	decimoséptimo	dos mil	
dieciocho	decimoctavo	un millón	un millón/millonésimo
diecinueve	decimonoveno	dos millones	

LA COMPARACIÓN:

más .... que — *Las naranjas son **más** caras **que** las manzanas*
menos ...... que — *El salmón es **menos** caro **que** la merluza*

igual ...... que — *La hermana es **igual que** el hermano*
tan(to) .... como — *El queso es **tan** bueno **como** la leche*

*El pescado es **muy** caro*
*El pescado es car-**ísimo***
*La carne es car-**ísima***

Formas irregulares de comparación

Bueno	**Mejor**	**El / la / lo ... mejor**
Malo	**Peor**	**El / la / / lo ... peor**
Grande	**Mayor**	
Pequeño	**Menor**	

PRONOMBRES PERSONALES

Sujeto	Objeto directo	Objeto indirecto	Reflexivo	Con preposición
yo	me	me	me	mí
tú	te	te	te	ti
él/ella	lo/le, la	le / se	se	él/ella
nosotros/as	nos	nos	nos	nosotros/as
vosotros/as	os	os	os	vosotros/as
ellos/ellas	los/les, las	les / se	se	ellos/as

EL VERBO

MODELOS DE CONJUGACIÓN VERBAL

CONJUGACIÓN	1ª	2ª	3ª
	Amar	Temer	Partir

FORMAS NO PERSONALES

	SIMPLES			COMPUESTAS		
Infinitivo:	Amar	Temer	Partir	haber amado	haber temido	haber partido
Gerundio:	amando	temiendo	partiendo	habiendo amado	habiendo temido	habiendo partido
Participio:	amado	temido	partido			

FORMAS PERSONALES

Modo indicativo:

TIEMPOS SIMPLES			TIEMPOS COMPUESTOS		
Presente:			**Pretérito perfecto:**		
amo	temo	parto	he amado	—temido	—partido
amas	temes	partes	has amado	temido	partido
ama	teme	parte	ha amado	temido	partido
amamos	tememos	partimos	hemos amado	temido	partido
amáis	teméis	partís	habéis amado	temido	partido
aman	temen	parten	han amado	temido	partido
Pretérito imperfecto:			**Pretérito pluscuamperfecto:**		
amaba	temía	partía	había amado	—temido	—partido
amabas	temías	partías	habías amado	temido	partido
amaba	temía	partía	había amado	temido	partido
amábamos	temíamos	partíamos	habíamos amado	temido	partido
amábais	temíais	partíais	habíais amado	temido	partido
amaban	temían	partían	habían amado	temido	partido
Pretérito indefinido o perfecto simple:			**Pretérito anterior:**		
amé	temí	partí	hube amado	—temido	—partido
amaste	temiste	partiste	hubiste amado	temido	partido
amó	temió	partió	hubo amado	temido	partido
amamos	temimos	partimos	hubimos amado	temido	partido
amasteis	temisteis	partisteis	hubisteis amado	temido	partido
amaron	temieron	partieron	hubieron amado	temido	partido
Futuro:			**Futuro:**		
amaré	temeré	partiré	habré amado	—temido	—partido
amarás	temerás	partirás	habrás amado	temido	partido
amará	temerá	partirá	habrá amado	temido	partido
amaremos	temeremos	partiremos	habremos amado	temido	partido
amaréis	temeréis	partiréis	habréis amado	temido	partido
amarán	temerán	partirán	habrán amado	temido	partido
Condicional o futuro hipotético:			**Condicional o futuro hipotético:**		
amaría	temería	partiría	habría amado	—temido	—partido
amarías	temerías	partirías	habrías amado	temido	partido
amaría	temería	partiría	habría amado	temido	partido
amaríamos	temeríamos	partiríamos	habríamos amado	temido	partido
amaríais	temeríais	partiríais	habríais amado	temido	partido
amarían	temerían	partirían	habrían amado	temido	partido

Modo subjuntivo:	TIEMPOS SIMPLES	TIEMPOS COMPUESTOS	
Presente:		**Pretérito perfecto:**	
ame	tema	haya amado	—temido
ames	temas	hayas amado	temido
ame	tema	haya amado	temido
amemos	temamos	hayamos amado	temido
améis	temáis	hayáis amado	temido
amen	teman	hayan amado	temido
parta		—partido	
partas		partido	
parta		partido	
partamos		partido	
partáis		partido	
partan		partido	
Pretérito imperfecto:		**Pretérito pluscuamperfecto:**	
amara/amase	temiera/temiese	hubiera/hubiese amado	—temido
amaras/-ases	temieras/-iese	hubieras/-ieses amado	temido
amara/-ase	temiera/-iese	hubiera/-iese amado	temido
amáramos/-ásemos	temiéramos/-iésemos	hubiéramos/-iésemos amado	temido
amarais/-aseis	temierais/-ieseis	hubierais/-ieseis amado	temido
amaran/-asen	temieran/-esen	hubieran/-iesen amado	temido
partiera/partiese		—partido	
partieras/-ieses		partido	
partiera/-iese		partido	
partiéramos/-iésemos		partido	
partierais/-ieseis		partido	
partieran/-iesen		partido	
Futuro:		**Futuro:**	
amare	temiere	hubiere amado	—temido
amares	temieres	hubieres amado	temido
amare	temiere	hubiere amado	temido
amáremos	temiéremos	hubiéremos amado	temido
amareis	temiereis	hubiereis amado	temido
amaren	temieren	hubieren amado	temido
partiere		—partido	
partieres		partido	
partiere		partido	
partiéremos		partido	
partiereis		partido	
partieren		partido	

Modo imperativo:

Presente:	ama	teme	parte
	amad	temed	partid

CONJUGACION DE ALGUNOS VERBOS IRREGULARES

Verbos con irregularidades en la raíz

a. Irregularidad por cambio o desdoblamiento vocálico

e > i	cerrar	cierro
o > u	poder	puedo

MODELO: Pedir
Presente de indicativo:
pido, pides, pide, pedimos, pedís, piden
Presente de subjuntivo:
pida, pidas, pida, pidamos, pidáis, pidan
Imperativo:
pide, pedid
Pretérito indefinido:
pedí, pediste, pidió, pedimos, pedisteis, pidieron
Gerundio:
pidiendo

b. Irregularidades por diptongación de la vocal radical:

e > ie	querer	quiero
o > ue	poder	puedo
i > ie	adquirir	adquiero
u > ue	jugar	juego

MODELOS:

Querer
Presente de indicativo:
quiero, quieres, quiere, queremos, queréis, quieren
Presente de subjuntivo:
quiera, quieras, quiera, queramos, queráis, quieran
Imperativo:
quiere, quered

Contar
Presente de indicativo:
cuento, cuentas, cuenta, contamos, contáis, cuentan
Presente de subjuntivo:
cuente, cuentes, cuente, contemos, contéis, cuenten
Imperativo:
cuenta, contad

Sentir
Presente de indicativo:
siento, sientes, siente, sentimos, sentís, sienten
Presente de subjuntivo:
sienta, sientas, sienta, sintamos, sintáis, sientan
Imperativo:
siente, sentid

Poder
Presente de indicativo:
puedo, puedes, puede, podemos, podéis, pueden
Presente de subjuntivo:
pueda, puedas, pueda, podamos, podáis, puedan

Verbos con irregularidades consonánticas:

a. Cambio de *c* por *g:*

decir	digo
hacer	hago

MODELO: Decir
Presente de indicativo:
digo, dices, dice, decimos, decís, dicen
Presente de subjuntivo:
diga, digas, diga, digamos, digáis, digan

b. Interpolación de *z* antes de *c* final:

conocer conozco conozca

c. Adición de una consonante:

l > lg	salir	salgo	salga
n > ng	poner	pongo	ponga

MODELO: Salir
Presente de indicativo:
salgo, sales, sale, salimos, salís, salen
Presente de subjuntivo:
salga, salgas, salga, salgamos, salgáis, salgan

d. Adición de vocal y consonante:

e > ig caer caigo caiga

MODELO: Caer
Presente de indicativo:
caigo, caes, cae, caemos, caéis, caen
Presente de subjuntivo:
caiga, caigas, caiga, caigamos, caigáis, caigan

e. Alteraciones que afectan a la base radical o se derivan de más de una raíz:

haber	hay	haya
ser	soy	era/fuese
ir	voy	fui

MODELOS:

	Haber	**Ser**	**Ir**
Presente Indicativo	he	soy	voy
	has	eres	vas
	ha/hay	es	va
	habemos	somos	vamos
	habéis	sois	váis
	han	son	van
Imperfecto			
	había	era	iba
	habías	eras	ibas
	etc.	etc.	etc.

Futuro

habré	seré	iré
habrás	serás	irás
etc.	etc.	etc.

Pretérito indefinido

hube	fui	fui
hubiste	fuiste	fuiste
hubo	fue	fue
hubimos	fuimos	fuimos
hubisteis	fuisteis	fuisteis
hubieron	fueron	fueron

Condicional

habría	sería	iría
habrías	serías	irías
etc.	etc.	etc.

Imperativo

—-	sé	ve
—-	sed	id

Presente subjuntivo

haya	sea	vaya
hayas	seas	vayas
haya	sea	vaya
hayamos	seamos	vayamos
hayáis	seáis	vayáis
hayan	sean	vayan

Imperfecto subjuntivo

hubiera/hubiese	fuera/fuese	fuera/fuese
hubieras/hubieses	fueras/fueses	fueras/fueses
etc.	etc.	etc.

Gerundio

habiendo	siendo	yendo

Irregularidades en la vocal temática:

a. Por desaparición de la vocal temática en el futuro y condicional:

caber	cabré	cabría
haber	habré	habría
poder	podré	podría
querer	querré	querría
saber	sabré	sabría
deber	debrá	debría

MODELOS:

Caber	**Poder**	**Querer**
cabré	podré	querré
cabrás	podrás	querrás
cabrá	podrá	querrá
cabremos	podremos	querremos
cabréis	podréis	querréis
cabrán	podrán	querrán

b. Por caída o desaparición de la vocal temática final en la 1ª persona singular del imperativo (apócope):

poner	pon
tener	ten
hacer	haz
salir	sal
venir	ven

c. Desaparición de la vocal temática e interposición de una *-d-* en el futuro y condicional:

poner	pondré	pondría
salir	saldré	saldría
tener	tendré	tendría
valer	valdré	valdría
venir	vendré	vendría

MODELO: **Poner**

Futuro:
pondré, pondrás, pondrá, pondremos, pondréis, pondrán

Condicional:
pondría, pondrías, pondría, pondríamos, pondríais, pondrían

d. Por contracción, debido a la desaparición o caída de la sílaba intermedia:

hacer	haré (harás, hará, haremos, haréis, harán)
decir	diré (dirás, dirá, diremos, diréis, dirán)

Irregularidades por cambios en las desinencias:

andar	anduve	poner	puse
conducir	conduje	querer	quise
caber	cupe	poder	pude
decir	dije	saber	supe
estar	estuve	tener	tuve
haber	hube	venir	vine
hacer	hice	ver	vi

MODELOS:

Pretérito Indefinido:

Andar	**Hacer**	**Decir**
anduve	hice	dije
anduviste	hiciste	dijiste
anduvo	hizo	dijo
anduvimos	hicimos	dijimos
anduvisteis	hiscisteis	dijisteis
anduvieron	hicieron	dijeron

Poner	**Tener**	**Querer**
puse	tuve	quise
pusiste	tuviste	quisiste
puso	tuvo	quiso
pusimos	tuvimos	quisimos
pusisteis	tuvisteis	quisisteis
pusieron	tuvieron	quisieron

Algunas formas de indefinido, relacionadas con el imperfecto de indicativo:

Hacer	**hacía...**	hice, hiciste, hizo, hicimos, hicisteis, hicieron
Oír	**oía...**	oí, oíste, oyó, oímos, oisteis, oyeron
Tener	**tenía...**	tuve, tuviste, tuvo, tuvimos, tuvisteis, tuvieron
Haber	**había...**	hube, hubiste, hubo, hubimos, hubisteis, hubieron
Estar	**estaba...**	estuve, estuviste, estuvo, estuvimos, estuvisteis, estuvieron
Ir	**iba...**	fui, fuiste, fue, fuimos, fuisteis, fueron
Ser	**era...**	fui, fuiste, fue, fuimos, fuisteis, fueron
Poder	**podía...**	pude, pudiste, pudo, pudimos, pudisteis, pudieron

Verbos defectivos

Nevar nieva Llover llueve

Son típicamente impersonales:

amanecer	anochecer	diluviar
lloviznar	relampaguear	nevar
helar	granizar	llover
tronar	etc.	

CONJUGACIÓN DE LOS VERBOS REFLEXIVOS

a.

Alegrarse:	**Llamarse:**
me alegro (mucho)	*me llamo (Laura)*
te alegras	*te llamas*
se alegra	*se llama*
nos alegramos	*nos llamamos*
os alegráis	*os llamáis*
se alegran	*se llaman*

b.

Me gusta leer
Te gusta la música
Le gusta esta película
Nos gusta pasear
Os gusta ir en bici
Les gusta salir con las amigas

c.

A **mí me** gusta(n)...
A **ti te** gusta...
A **él/ella le** gusta...
A **nosotros/as nos** gusta...
A **vosotros/as os** gusta...
A **ellos/ellas les** gusta...

ESTRUCTURA NEGATIVA DEL VERBO

Yo estudio inglés	**No** hablo bien inglés
(Yo) **no** estudio inglés	Mi inglés **no** es bueno

ESTRUCTURAS CON *hay:*

La forma verbal *hay* no varía:

A. –¿Qué **hay** en Buenos Aires?
B. –En Buenos Aires **hay** muchos parques y jardines.

Estructuras para expresar impersonalidad:

Para referirnos a una acción de manera impersonal en español usamos la estructura SE + VERBO (en 3ª pers. sing.):

SE +
- **come**
- **suele tomar aperitivo**
- **acompaña la comida con...**
- **puede comer**
- **necesita**

Para expresar obligación:

Deber + verbo:	*Deben recorrer 50 kilómetros.*
Haber de + verbo:	*Hemos de llevar buenos zapatos.*
Tener que + verbo:	*Tenemos que preparar bien la excursión.*
Hay que + verbo:	*Hay que andar bastante.*

El relativo *QUE:*

La forma de relativo *que* es invariable, aunque el antecedente a que se refiere cambie de género o de número:

jóvenes que recorren la isla a pie
hay algunos hechos que son claramente malos
es el libro que compré en la librería

Usos de preposiciones:

PARA: – señala movimiento o dirección hacia un lugar:
Va para la oficina.
– utilidad y finalidad:
Necesitamos una tienda para pasar la noche.
El tabaco no es bueno para la salud.

POR: – señala lugar, dentro de unos límites:
Pasea por el campo

A: – señala dirección hacia un lugar:
Van a la montaña.
– distancia:
Las fuentes del río están a más de 25 kilómetros.

Adverbios para expresar proximidad o lejanía respecto al hablante y oyente.

aquí / acá (*cerca del hablante y del oyente*)
ahí (*cerca del oyente y distanciado del hablante*)
allí / allá (*lejos del hablante y del oyente*)

LÉXICO ACTIVO Y PASIVO

A

a (1)
a la derecha (3)
a la izquierda (3)
a menudo (15)
abajo (6)
abierto/a (12)
abogado/a (14)
abrazo, el (11)
abrigo, el (8)
abril (6)
abrir (6)
aburrido/a (10)
acabar (13)
academia, la (2)
acampar (15)
aceite, el (9)
aceptar (5)
acerca de (10)
acercar(se) (10)
acompañar (12)
acordarse (5)
acostarse (7)
acostumbrado/a (15)
activo/a (14)
actualmente (13)
adecuado/a (16)
adelantar (16)
adelante (4)
además (5)
adiós (1)
admitir (12)
aeropuerto, el (3)
agencia, la (14)
agilidad, la (13)
agosto (6)
agradable (2)
agrado, el (11)
agua, el (9)
ahí (4)
ahora (3)
ahorrar (16)
aire, el (7)
al (3)
albañil, el (14)
alcohol, el (8)
alcohólico/a (16)
alegrarse (4)
alegre (3)
alegría, la (3)
alemán/na (2)
aleta, la (15)
alfombra, la (3)
algo (8)
algodón, el (8)
alguien (15)
alguno/a (3)
alimento, el (12)
almacén, el (9)
almendra, la (14)
altavoz, el (10)
alto/a (3)
altura, la (15)
alubia, la (12)
alumno/a (1)
allá (16)
allí (3)
amable (5)
amante, el/la (15)
amar (13)
amarillo/a (8)
americana, la (9)
amigo/a (1)
amistad, la (10)
amor, el (11)
amplio/a (3)
ancho/a (3)
andar (16)
aniversario el (15)
anoche (10)
anotación (16)
anotar (4)
ante (16)
anterior (10)
antes (12)
antiguo/a (3)
anunciar (4)
año, el (2)
aparato, el (16)
aparcamiento, el (4)
aparcar (4)
aparecer (10)
apartado, el (6)
apartamento, el (13)
apellido, el (2)
aperitivo, el (7)
apetecer (7)
apoyar (16)
aprender (1)
aproximarse (10)
aquél/lla (4)
aquí (2)
árbol, el (3)
argentino/a (2)
armario, el (3)
arreglado/a (4)
arriba (16)
arroz, el (9)
artículo, el (8)
artificial (8)
así (2)
asignatura, la (13)
asombroso/a (8)
aspirador, el (16)
aspirina, la (8)
asunto, el (14)
asustado/a (10)
atado/a (13)
aterrizar (10)
atmósfera, la (16)
atracción, la (14)
atraer (11)
aumentar (10)
aunque (11)
auricular, el (16)
autobús, el (4)
automático/a (16)
autopista, la (4)
avenida, la (3)
aventura, la (14)
avión, el (3)
avisar (16)
ayer (10)
ayuda, la (11)
ayudar (8)
ayuntamiento, el (4)
azúcar, el (12)
azul (5)

B

bailar (5)
bajar (3)
baloncesto, el (5)
balonmano, el (5)
ballena, la (15)
banco, el (3)
bañarse (7)
baño, el (3)
bar, el (4)
barato/a (8)
bastante (3)
basura, la (15)
beber (8)
bebida, la (9)
beige (8)
bellas artes, las (10)
beso, el (11)
biblioteca, la (7)
bici(cleta), la (5)
bien (1)
billete, el (6)
bistec, el (9)
blanco/a (8)
blusa, la (8)
boca, la (8)
bocadillo, el (13)
bolígrafo, el (8)
boliviano/a (2)
bolso, el (4)
bonito/a (3)
bosque, el (13)
bota, la (16)
brasileño/a (2)
brazo, el (13)
brillar (10)
buen (8)
bueno/a (2)
buey, el (12)
buscar (4)
buzón, el (11)

C

caballero, el (8)
cabeza, la (8)
cabina, la (4)
cabra, la (10)
cacahuete, el (14)
cada (8)
caer (13)
café, el (10)
cafetera, la (16)
caja, la (9)
cajero, el (16)
calcetín, el (8)
calcular (15)
calentador, el (16)
calentar (16)
calor, el (7)
caloría, la (12)
calle, la (3)
cama, la (8)
camarero/a (2)
cambiado/a (11)
cambiar (13)
cambiar(se) (9)
camino, el (13)
camisa, la (8)
campamento, el (15)
campo, el (3)
canal, el (16)
canción, la (10)
cansado/a (4)
cantante, el/la (2)
cantar (10)
cantidad, la (12)
capaz (15)
capital, la (3)
cara, la (8)
caramba (8)
caramelo, el (14)
carísimo/a (9)
carne, la (9)
carnet de identidad, el (6)
caro/a (9)
carrera, la (13)
carretera, la (16)

carro, el (14)
carta, la (10)
cartón, el (16)
casa, la (3)
casado/a (6)
casi (13)
caso, el (16)
catorce (2)
caza, la (15)
cazadora, la (9)
cebolla, la (16)
celebrar (2)
cena, la (7)
cenar (7)
centro, el (3)
cerca (de) (4)
cereal, el (12)
cerilla, la (16)
cero (1)
cerrar (6)
cerveza, la (9)
ciclista, el/la (6)
cielo, el (10)
cien (3)
científico/a (15)
ciento (3)
cima, la (15)
cinco (1)
cincuenta (2)
cine, el (4)
cinturón, el (9)
cita, la (6)
ciudad, la (3)
claramente (15)
claro (2)
clase, la (1)
clásico/a (5)
clima, el (16)
cocina, la (3)
coche, el (4)
coger (4)
colegio, el (4)
colombiano/a (2)
color, el (8)
comedor, el (3)
comer (7)
comida, la (7)
comisaría, la (4)
comisión, la (15)
como (5)
cómo (1)
compañero/a (1)
comparación, la (12)
comparar (1)
completamente (15)
completar (1)
composición, la (8)
comprar (8)
compromiso, el (6)
comunicación, la (6)
comunicado, el (15)
comunicar (4)
con (4)
concierto, el (7)
conclusión, la (15)
concurso, el (6)
condimento, el (9)
conducir (16)
confianza, la (11)
conmigo (5)
conocer (4)
conocido/a (11)
conservar (15)
considerar (11)
cónsul, el/la (13)
consumir (12)
contaminar (15)
contar (13)
contento/a (3)
contestar (10)
continuación, la (16)
contra (13)
contrario/a (10)
controlar (14)
convertir (10)
corbata, la (8)
cordero, el (9)
coro, el (14)
correa, la (14)
correctamente (16)
correcto/a (6)
corredor/ra (13)
correos (4)
correr (13)
corro, el (14)
cortar (16)
corto/a (4)
cosa, la (11)
costa, la (3)
costar (8)
costilla, la (12)
costumbre, la (13)
creer (3)
cristal, el (16)
criticar (11)
cruzar (4)
cuadro, el (3)
cuál (8)
cuando (11)
cuándo (10)
cuánto/a (6)
cuarenta (2)
cuarto, el (3)
cuatro (1)
cubano/a (2)
cubierto, el (7)
cubierto/a (15)
cuenta (2)
cuento, el (13)
cuero, el (8)
cuerpo, el (8)
cuidado, el (13)
cuidar (15)
culpa, la (15)
cumpleaños, el (2)
cumplir (14)
cupón, el (6)
curiosidad, la (10)
cursar (10)
curso, el (6)

CH

chaqueta, la (8)
chico/a (1)
chocolate, el (6)
chorizo, el (9)

D

dar (4)
dato, el (6)
de (1)
de acuerdo (2)
de frente (4)
de repente (10)
de veras (5)
debajo de (3)
deber (11)
decidir (15)
décimo/a (6)
decir (1)
dedicar (2)
defensor/ra (15)
dejar (7)
del (3)
delante (de) (3)
delgado/a (5)
delta, el (13)
demás (11)
demasiado/a (12)
dentro de (3)
depender (14)
deporte, el (5)
deprisa (3)
derecho, el (16)
derivado, el (12)
desagradable (11)
desagrado, el (11)
desaparecer (16)
desayunar (10)
desayuno, el (7)
descansar (7)
descanso, el (7)
descubrir (10)
descuento, el (6)
desde (3)
desear (3)
desentonar (11)
despacio (10)
despertar(se) (7)
despierto/a (13)
después (10)
destino, el (4)
detrás (de) (3)
día, el (3)
diario, el (13)
diario/a (12)
dibujo, el (7)
diciembre (6)
diecinueve (2)
dieciocho (2)
dieciséis (2)
diecisiete (2)
diente, el (8)
diez (1)
diferencia, la (11)
diferente (11)
difícil (2)
dinero, el (11)
dirección, la (4)
director/ra (1)
disco, el (14)
discoteca, la (5)
disculpa, la (11)
distancia, la (6)
diversión, la (10)
diverso/a (12)
divertido/a (6)
doce (2)
docena, la (9)
dólar, el (9)
doler (8)
dolor, el (8)
domingo, el (3)
Don/Doña (1)
donde (7)
dónde (2)
dormir (8)
dos (1)
doscientos (9)
ducharse (8)
dudar (11)
dulce, el (9)
durante (10)
durar (12)

E

e (7)
economía, la (14)
económico/a (10)
economista, el/la (14)

F

G

H

I

imposible (10)
indicado/a (16)
indicar (16)
indiferente (11)
industrializado/a (16)
información, la (6)
informar (13)
informática, la (2)
inglés/sa (2)
inspirar (11)
instrucción, la (16)
inteligente (11)
intenso/a (4)
intento (8)
interesante (6)
interesar (13)
intermitente (16)
internacional (4)
introducir (16)
inventar (13)
invierno, el (7)
invitado/a (5) (14)
invitar (2)
inyección, la (8)
ir (2)
isla, la (15)
italiano/a (2)
izquierda (3)

J

jamón, el (12)
jardín, el (3)
jerez, el (12)
jersey, el (8)
joven, el/la (1)
judía, la (12)
Juegos Olímpicos, los (10)
jueves, el (6)
jugador/ra (6)
jugar (4)
julio (6)
junio (6)
junto/a (4)
juventud, la (10)

K

kilo, el (9)
kilómetro, el (3)
kiosko, el (4)

L

la (1)
laboratorio, el (15)
ladera, la (15)
lado, el (3)
lámpara, la (3)
lana, la (8)
lápiz, el (13)
largo/a (8)
lavabo, el (3)
lavado/a (8)
lavadora, la (16)
lavar(se) (7)
lavavajillas, el (16)
le (5)
lector/ra (11)
lectura, la (7)
leche, la (9)
lechuga, la (9)
leer (5)
legumbre, la (12)
lejos (de) (3)
lenteja, la (9)
lento/a (13)
letrero, el (4)
levantarse (6)
libertador/ra (13)
libre (5)
libro, el (3)
limitado/a (16)
limonada, la (14)
limpiar (15)
limpio/a (15)
lindo/a (11)
línea, la (4)
linterna, la (16)
lista, la (14)
litera, la (13)
literato/a (12)
litro, el (12)
lo (5)
locutor/ra (2)
los/las (2)
lotería, la (14)
luego (4)
lugar, el (7)
luna, la (10)
lunes, el (5)
luz, la (10)

LL

llamar (1)
llamativo/a (11)
llano/a (7)
llegada, la (4)
llegar (3)
llenar (16)
lleno/a (4)
llevar (8)
llorar (10)
llover (7)
lluvia, la (7)

M

madre, la (7)
magnífico/a (8)
majísimo/a (11)
maleta, la (4)
malicioso/a (11)
malo/a (7)
manchego/a (9)
mandar (10)
mano, la (6)
mantener (16)
mantequilla, la (12)
manzana, la (9)
mañana, la (5)
mapa, el (16)
máquina, la (4)
mar, el (3)
maravilloso/a (8)
marcar (16)
marcha, la (16)
marrón (8)
martes, el (6)
marzo (6)
más (1)
matemáticas, las (11)
mayas, los (12)
mayo (3)
mayor (15)
me (1)
mecánico, el (2)
media, la (8)
medianoche, la (6)
medicina, la (8)
medio/a (6)
mediodía, el (6)
mejor (7)
mejorar (14)
menor (9)
menos (6)
menú, el (9)
(a) menudo (11)
mercado, el (4)
merienda, la (14)
merluza, la (9)
mes, el (8)
mesa, la (3)
meta, la (13)
metro, el (3)
mexicano/a (2)
mezcla, la (16)
mezclar (16)
mi (2)
mí (5)
miedo, el (10)
miércoles, el (6)
mil (6)
militar (13)
millón, el (3)
millonario/a (6)
minifalda, la (8)
minuto, el (3)
mira (2)
mirada, la (11)
mirar (3)
mismo/a (11)
mitad, la (12)
mochila, la (16)
moda, la (10)
modelo, el/la (11)
moderno/a (3)
mojarse (7)
molestar (7)
momento, el (2)
moneda, la (11)
montaña, la (7)
monte, el (15)
montón, el (14)
monumento, el (3)
moreno/a (8)
morir (10)
moto, la (13)
motocrós, el (5)
motor, el (16)
moverse (8)
mucho/a (2)
mueble, el (16)
muela, la (8)
mujer, la (1)
mundial (13)
mundo, el (10)
museo, el (3)
música, la (5)
musical (10)
músico/a (13)
muy (1)

N

nacer (10)
nacido/a (14)
nación, la (14)
nacional (4)
nacionalidad, la (2)
nada (2)
nadie (13)
naranja, la (5)
naranjada, la (14)
nariz, la (8)
nata, la (12)
naturaleza, la (15)
naturalmente (8)
naval (13)
nave (espacial), la (10)

navegación, la (13)
Navidad, la (10)
necesario/a (8)
necesidad, la (7)
necesitado/a (15)
necesitar (2)
negocio, el (14)
negro/a (8)
nervioso/a (13)
neumático, el (16)
nevar (7)
ni (13)
ningún (13)
ninguno/a (11)
niñez, la (10)
niño/a (1)
no (2)
noche, la (6)
nombre, el (2)
normal (11)
normalidad, la (16)
norte, el (7)
norteamericano/a (2)
noruego/a (15)
nos (4)
nosotros/as (2)
nota, la (11)
notar (13)
noticia, la (11)
novecientos (6)
novela, la (5)
noveno/a (6)
noventa (3)
noviembre (6)
novio/a (8)
nube, la (3)
nublado/a (7)
nuestro/a (3)
nueve (1)
nuevo/a (3)
número, el (4)
nunca (10)

O

o (2)
objeto, el (16)
obra, la (16)
obscuro/a (8)
observar (1)
octavo/a (6)
octubre (6)
ocupado/a (4)
ocurrir (8)
ochenta (3)
ocho (1)
ochocientos (15)
odiar (5)
odio, el (11)
oeste, el (11)
oficina de viajes, la (4)
ofrecer (6)
oído (8)
oír (10)
ojo, el (5)
olvidar (16)
once (2)
ópera, la (6)
operación, la (16)
opinión, la (11)
ordenado/a (13)
ordenador, el (14)
organizar (5)
original (15)
os (5)
otoño, el (7)
otro/a (2)
oxígeno, el (16)

P

padre, el (4)
paella, la (9)
pagar (2)
país, el (7)
pájaro, el (13)
palabra, la (1)
palacio, el (4)
pan, el (9)
panameño/a (2)
panda, el (14)
pantalón, el (8)
pantalla, la (16)
papá, el (4)
papel, el (16)
paquete, el (14)
par, el (7)
para (4)
parada, la (4)
paraguas, el (7)
parar (4)
parecer (3)
pareja, la (1)
parque, el (2)
parte, la (6)
participar (6)
partido, el (7)
pasado/a (10)
pasajero/a (4)
pasaporte, el (6)
pasar (4)
pasear (5)
paseo, el (4)
pasillo, el (3)
pastel, el (11)
pastilla, la (8)
patata, la (9)
patín, el (7)
patinaje, el (7)
patinar (7)
patio, el (10)
peatón, el (16)
pecho, el (8)
pedir (14)
pelar (16)
película, la (5)
peligro, el (15)
peligroso/a (15)
pelo, el (8)
pena, la (11)
pendiente, el (11)
pensado/a (16)
pensar (11)
peor (11)
pequeño/a (3)
pera, la (12)
peral, el (13)
perder (13)
perdone (4)
preferir (11)
periódico, el (7)
permanente (13)
permiso, el (15)
permitir (13)
pero (2)
perro/a (16)
persona, la (3)
personal (8)
peruano/a (2)
pescado, el (9)
peseta, la (8)
picado (13)
picotear (13)
pie, el (8)
piedra, la (15)
piel, la (9)
pierna, la (8)
piloto, el/la (2)
pimienta, la (9)
pintar (10)
pintor/ra (10)
piña, la (12)
piso, el (11)
pista de aterrizaje, la (4)
plan, el (16)
plano, el (4)
planta, la (15)
plantar (16)
plátano, el (9)
plato, el (10)
playa, la (7)
plaza, la (3)
poco/a (3)
poder (2)
policía, el/la (4)
político/a (13)
pollo, el (9)
poner (1)
ponerse (8)
popular (10)
por (4)
por favor (2)
porque (7)
portugués/sa (2)
porvenir, el (14)
posibilidad, la (14)
posible (2)
postre, el (9)
practicar (1)
prácticas, las (7)
precaución, la (16)
precio, el (8)
precio de venta al público, el (8)
precioso/a (14)
preferencia, la (11) (9)
preferir (6)
pregunta, la (6)
preguntar (1)
premio, el (13)
preparado/a (7)
preparar (7)
presentar (6)
presidente, el/la (13)
prestar (7)
primavera, la (7)
primer (10)
primero/a (4)
primitivo/a (15)
principal (4)
problema, el (8)
procedente (4)
producir (15)
producto, el (9)
profesión, la (10)
profesor/ra (1)
programa, el (6)
programa-concurso, el (7)
prohibición, la (15)
prohibir (15)
pronto (5)
proteger (15)
protestar (13)
próximo/a (13)
prueba, la (13)
ptas (8)
público, el (8)
pueblo, el (3)
puerta, la (4)
puerta de embarque, la (4)
pues (2)

pulsar (16)
punto, el (4)

Q

que (4)
qué (2)
quedarse (7)
querer (1)
querido/a (11)
queso, el (9)
quién (5)
químico/a (14)
quince (2)
quinto/a (6)
quitar (12)
quizás (8)

R

rabia, la (13)
radio, la (2)
rápidamente (9)
rápido/a (4)
raro/a (12)
razón, la (7)
rebaja, la (9)
recepcionista, el/la (6)
recibir (10)
recibo, el (9)
reciclado/a (16)
reciclar (16)
recipiente, el (16)
recoger (16)
recogida, la (16)
recordar (16)
recorrer (15)
recto/a (4)
recuadro, el (16)
recuperarse (13)
regalo, el (6)
región, la (7)
reír (10)
relación, la (9)
relacionar (1)
reloj, el (9)
reñir (13)
repartir (15)
repasar (7)
repetir (1)
representativo/a (13)
reservado/a (6)
reservar (15)
resfriado, el (8)
respetar (15)
responder (6)
restaurante, el (12)
retirar (16)
retraso, el (4)
reúma, el/la (8)
reunir (7)
revisar (16)
revolución, la (13)
rey, el (2)
rico/a (10)
río, el (3)
robar (10)
rodilla, la (8)
rojo (8)
romper (16)
ropa, la (9)
rosa (8)
rubio/a (5)
ruido, el (10)
ruidoso/a (3)
ruleta, la (14)
ruso/a (2)

S

sábado, el (5)
sábana, la (13)
saber (2)
sacar (4)
saco, el (16)
sagitario, el (14)
sal, la (9)
salida, la (4)
salir (4)
salmón, el (9)
salud, la (8)
saludo, el (6)
salvadoreño/a (2)
salvar (16)
sano/a (8)
sardina, la (9)
sartén, la (16)
se (1)
secador, el (16)
secretario/a (6)
secreto, el (5)
sed, la (11)
seda, la (8)
seguir (4) (11)
según (11)
segundo/a (4)
seguridad, la (16)
seis (1)
seleccionar (16)
semáforo, el (16)
semana, la (8)
semanal (6)
sensacional (8)
sensual (11)
sentarse (10)
sentir (7)
señal, la (16)
señalar (15)
señas, las (2)
señor/ra (1)
señorita, la (1)
septiembre (6)
séptimo/a (6)
ser (1)
serie, la (13)
serio/a (11)
servir (16)
sesenta (3)
setecientos (10)
setenta (3)
sexto/a (6)
si (9)
sí (1)
siempre (4)
siete (1)
siglo, el (13)
siguiente (13)
silbido, el (10)
silencio, el (10)
silla, la (3)
simpático/a (7)
sin (6)
sistema, el (13)
situado/a (16)
sobre (3)
social (13)
sofá, el (3)
sol, el (7)
solamente (12)
soledad, la (13)
solicitar (6)
solo (11)
sólo (2)
solomillo, el (12)
sonar (14)
sonrisa, la (11)
soñar (13)
sopa, la (9)
soportar (11)
sorprendido/a (10)
sorpresa, la (10)
sorteo, el (6)
su (3)
suave (8)
subida, la (15)
subir (4)
submarino/a (13)
subterráneo, el (3)
sucio/a (13)
sueldo, el (14)
sueño, el (12)
suerte, la (6)
suizo/a (9)
supermercado, el (4)
sur, el (7)

T

tabaco, el (15)
talla, la (8)
también (1)
tampoco (2)
tan (9)
tanto/a (11)
tapa, la (12)
tarde, la (5)
tarjeta, la (8)
taxi, el (14)
te (1)
tecla, la (16)
tele, la (6)
telefonear (7)
teléfono, el (4)
televisión, la (7)
televisor, el (3)
tema, el (7)
temblar (13)
tener (2)
tenis, el (5)
tenista, el/la (2)
tercero/a (4)
termostato, el (16)
ternera, la (9)
terraza, la (3)
terrestre (10)
texto, el (7)
ticket, el (4)
tiempo, el (7)
tienda de regalos, la (4)
tierra, la (14)
timbre, el (14)
tío/a (3)
tirar (16)
todavía (5)
todo/a (2)
tomar (4)
tomate, el (9)
tónica, la (12)
tonto/a (10)
torpe (13)
torre, la (11)
tortilla, la (16)
tostador, el (16)
total, el (8)
trabajar (2)
traducir (1)
traer (7)
tráfico, el (4)
traje, el (8)
tranquilo/a (2)
transportar (3)
trasladar (10)
trece (2)
treinta (2)

tren, el (6)
tres (1)
trigo, el (12)
triste (11)
tristeza, la (13)
trucha, la (12)
tu (4)
tú (1)
turismo, el (15)
turista, el/la (15)
turístico/a (12)
tuyo/a (11)

U

último/a (11)
un/una (1)
universidad, la (2)
uno (1)
urgente (13)
usar (16)
usted (1)
útil (13)
utilizar (16)

V

vaca, la (9)
vacaciones, las (7)
vacío/a (9)
vale (4)
valer (9)
vaquero/a (8)
vaqueros, los (10)
variable (7)
vaso, el (9)
vegetación, la (15)
veinte (2)
veinticinco (8)
veintiséis (9)
veintiún (12)
vela, la (14)
velocidad, la (16)
velozmente (10)
venezolano/a (2)
venir (4)
venta, la (8)
ventana, la (3)
ventanilla, la (9)
ver (2)
verano, el (7)
verbo, el (16)
verdad, la (4)
verde (5)
verdura, la (9)
vermut, el (12)
vestido, el (8)
vestir (10)
vez (2)
viajar (3)
viaje, el (4)
vida, la (11)
viejo/a (3)
vientre, el (8)
viernes, el (5)
vinagre, el (9)
vino, el (9)
visita, la (10)
visitar (7)
viviente (15)
vivir (2)
volver (7)
vosotros/as (5)
voz, la (10)
vuelo, el (4)
vuelta, la (4)
vuelto/a (11)
vuestro/a (8)
vulgar (11)

Y

y (1)
ya (2)
yo (1)
yoga, el (12)
yogurt, el (12)

Z

zapato, el (8)
zumo, el (5)

LÉXICO OPCIONAL Y COMPLEMENTARIO

Nota:*Las palabras marcadas con Amer son voces o acepciones propias del español americano que aparecen en la sección de "Contrastes lingüísticos".*

A

acá (4)
actor/actriz (14)
administrativo/a (14)
afeitarse (7)
afligido/a (11)
agente, el/la (4)
agradecido/a (11)
ajo, el (9)
alcachofa, la (9)
alcalde, el (14)
almorzar (9)
amor mío (13)
ándale (6) *Amer*
antipático/a (11)
apartado de correos, el (13)
apenado/a (11)
apendicitis, el (8)
árabe (2)
argelino/a (2)
arquero, el (14)
ascensor, el (3)
ascensorista, el (14) *Amer*
asearse (12)
ataque de corazón, el (8)
atún, el (9)
australiano/a (2)
austriaco/a (2)
autoservicio, el (4)
ave, el (12)
azafata, la (14)

B

bacalao, el (9)
bajo/a (10)
bañada, la (12) *Amer*
bañera, la (16)
barrio, el (4)
bayeta, la (16)
belga (2)
bife, el (9) *Amer*
billón, el (6)
blanquillo, el (13) *Amer*
boleto, el (10) *Amer*
bomba, la (10) *Amer*
bomboncito (13)
bus, el (4) *Amer*
buzo, el (8) *Amer*

C

cabello, el (8)
cadera, la (8)
calefacción, la (16)
caluroso/a (7)
calle sin salida, la (4)
calle ciega, la (4) *Amer*
callejón sin salida, el (4)
canción de cumpleaños (2)
cariño (mío) (13)
casilla de correos, la (13) *Amer*
catedral, la (4)
cava, el (9)
cédula, la (2) *Amer*
cepillo, el (16)
cerdo, el (9)
cielito (13)
cielo (13)
ciento cincuenta (6)
cívico, el (7) *Amer*
cocinero/a (14)
cólera, la (8)
colonia, la (4)
comedor, el (3)
comisaría de policía, la (4)
compadre (11) *Amer*
conductor/ra (14)
contable, el/la (14)
contador, el (14)
coñac, el (9)
corazón (13)
corazoncito (13)
coreano/a (2)
cuadra, la (3) *Amer*
cuadragésimo/a (6)
cuarto de baño, el (3)
cuatrocientos (6)
cubo, el (16)
cuchara, la (16)
cucharita, la (16)
cuchillo, el (16)

CH

chaleco, el (8)
chamaco/a, el/la (10) *Amer*
chándal, el (8)

chaparro/a (10) Amer
chaquetón, el (8)
chavo/a, el/la (2) Amer
ché (2) Amer
chévere (11) Amer
chino/a (2)
chófer, el/la (14)

D

dedo, el (8)
dependiente/a (14)
desagradecido/a (11)
descolar (13) Amer
descontento/a (11)
despedirse (12)
despegar (13)
dibujante, el/la (14)
dije (11) Amer
doctor/ra (14)
dolorido/a (11)
ducha, la (16)
duodécimo/a (6)

E

egipcio/a (2)
electricista, el/la (14)
electricidad, la (16)
elevador, el (3) Amer
elevadorista, el (14) Amer
embromarse (7) Amer
encamotarse (11) Amer
enjabonarse (12)
enojado/a (11) Amer
entristecido/a (11)
escoba, la (16)
espejo, el (3)
espinaca, la (9)
estación de servicio, la (7)
estación de ferrocarril, la (4)
estación de autobuses, la (4)
estanco, el (4)
estelaridad, la (13) Amer
estropajo, el (16)
estupidez, la (15)

F

farmacia, la (4)
fastidiarse (7)
filipino/a (2)
flojera, la (12) Amer
fono, el (5) Amer
fontanero/a (14)
fregona, la (16)
frente, la (8)
furgoneta, la (15)

G

gallego/a (2)
garaje, el (4)
gasolinera, la (7)
gatita (13)
gemelos, los (15)
gente desocupada, la (12) Amer
góndola, la (15)
grado centígrado, el (7)
granizar (7)
granizo, el (7)
grifo, el (7)
guardia urbano, el/la (14)
guagua, la (4) Amer

H

heladera, la (7) Amer
hermoso/a (3)
hielera, la (7) Amer
hielo, el (7)
híjole (15) Amer
holandés/esa (2)
hombro, el (8)
horno, el (16)
hueso, el (8)
huevada (15) Amer

I

indio/a (2)
infarto, el (8)
ingeniero/a (14)
insoportable (11)
intranquilo/a (11)
irlandés/sa (2)

J

jabón, el (16)
japonés/sa (2)
juerga, la (12)
juez/jueza (14)
jugo, el (5) Amer

L

labio, el (8)
largavistas, el (15) Amer
lavadero, el (3)
lavaplatos, el (16) Amer
licor, el (9)
limpiabotas, el (14)
lustrabotas, el (14) Amer

M

malaria, la (8)
mañanitas, las (2) Amer
marearse (8)
marroquí (2)
médico/a (14)
mesita (de noche), la (3)
mi vida (13)
molesto/a (11)
muchacho/a (10)
música rock, la (5)

N

nadar (5)
nevera, la (7)
niebla, la (7)
nieve, la (7)
nigeriano/a (2)
noruego/a (2)

O

oficina de correos, la (4)
oiga (2)
optimista (11)

P

pañuelo, el (8)
papa, la (9) Amer
papel de water, el (16)
parada de taxis, la (4)
paro, el (12)
peinarse (7)
pereza, la (12)
pesimista (11)
pichoncito (13)
pieza, la (3)
plata, la (9) Amer
plomero/a (14) Amer
polera, la (8) Amer
pollera, la (8) Amer
popularidad, la (13)
por la mañana (10)
por la noche (10)
portero, el (14)
preocupado/a (11)
provocar (5) Amer
pullover, el (8)

Q

quincuagésimo/a (6)
quinientos (6)
quinto/a (6)

R

ratita (13)
regente, el (14) Amer
ropa interior, la (8)

S

saco, el (8) Amer
saludar (12)
secarse (12)
seco/a (7)
sillón, el (3)
solamente (4)
sueco/a (2)
suéter, el (8)

T

taller, el (4)
taxista, el/la (14)
teatro, el (12)
temperatura, la (7)
tempestad, la (7)
tenedor, el (16)
tesoro (mío) (13)
timbrar (6)
tormenta, la (7)
torta, la (5) Amer
trabajo, el (12)
trapo de cocina, el (16)
trescientos veinticinco (6)
trigésimo/a (6)
tuberculosis, la (8)

U

undécimo/a (6)
uva, la (9)
vajilla, la (16)

V

¡venga! (6)
vida mía (13)
vídeo, el (16)
videojuego, el (5)
viejo/a, el/la (6) Amer
vientre, el (8)
vigésimo/a (6)
vos (1) Amer